Heiko Herold

KFOR

Heiko Herold

KFOR

Mein Einsatz bei der Kosova-Friedenstruppe

Ozeanverlag Herold • Köln • 2003

Originalausgabe
ISBN 3-8330-1174-2

Herstellung: Books on Demand GmbH
Printed in Germany

PËR KOSOVËN – FÜR KOSOVA.

„Es gibt keine Freiheit und Demokratie ohne Aussöhnen und Vergeben.“

DON LUSH GJERGJ

Inhaltsverzeichnis

Vorwort von Militärdekan Matthias Heimer

In den fünfziger Jahren geboren, gehöre ich zu der Generation der Glücklichen, die bisher von Krieg und Leid im eigenen Land verschont geblieben ist. Ich bin darüber sehr dankbar, erst recht nach den Eindrücken, die ich in Kosova im Winter 2001/ 2002 bis zum Frühsommer des Jahres 2002 gemeinsam mit vielen Soldaten der KFOR-Truppe gesammelt habe.
Dazu gehört auch der Autor des vorliegenden Buches, dem ich ausdrücklich dafür danke, dass er seine Erfahrungen aufgeschrieben hat. Es ist nämlich eine sehr besondere Situation, die für uns Heutige zum Glück eine Ausnahme darstellt. Gleichwohl müssen sich immer mehr damit vertraut machen auf Grund der gewachsenen politischen Verantwortung Deutschlands, insbesondere die Soldaten der Bundeswehr.
Da bietet der Autor einen tiefen Einblick, gesehen zwar durch seine persönlich Brille, aber doch sehr zutreffend.

Ich selbst war als Militärpfarrer vor Ort und hatte durch diese Aufgabe bedingt sehr viele Gespräche mit Soldaten und Menschen im Land, die so spannend und bewegend waren, dass sie sich unauslöschlich in mir eingeprägt haben.
Man sagt ja nicht zu Unrecht, dass Reisen bildet und den Horizont erweitert.
Von dieser so ungewöhnlichen Reise im Flecktarn und mit dem Seesack ausgerüstet trifft das unbe-

dingt zu. Es war ein gut organisiertes Unternehmen, das dennoch täglich Überraschungen bereit hielt.
24 Stunden, sieben Tage in der Woche über sechs Monate auf engem Raum zusammen zu leben in einem vom Krieg gezeichneten Land, davon berichtet dieses Buch.
So kann es für Soldaten, die dort waren oder, die bald gehen werden, aber auch ihren Angehörigen und Bekannten eine hilfreiche Lektüre zur Vor- und Nachbereitung sein.

Bonn, im Februar 2003.

Hinweis und Dank

Heller Feuerschein über der Adria. Tomahawks bahnen sich ihren Weg nach Jugoslawien. Kampfflugzeuge folgen. Ein Großaufgebot an Seestreitkräften patrouilliert im Adriatischen Meer. – Das war im Frühjahr 1999, als der Angriff der NATO auf Jugoslawien begann und der Kosovo-Krieg in seine entscheidende Phase trat. Damals diente ich an Bord der Fregatte „Rheinland-Pfalz“, die in jenen bewegten Tagen vor der albanischen Küste operierte. Nur wenige Monate später brach ich auf zu meinem zweiten Einsatz in Uniform in der Region, diesmal jedoch an Land, bei der deutschen KFOR.

Im April 2000 hatte ich meinen Wehrdienst bei der Marine beendet und mein Studium der Geschichte und Medienwissenschaft begonnen. Die Entscheidung, im Winter des folgenden Jahres das Studium zu unterbrechen und als Redakteuroffizier nach Kosova zu gehen, fiel nach reiflicher Überlegung im Frühjahr 2001. Ich nahm Kontakt auf zum Bataillon für „Operative Information“ in Mayen. Nachdem ich einen Eignungstest bestanden hatte, bot man mir eine Art journalistisches Praktikum beim Magazin „Dritarja“ in Prizren an. Dieses zweiwöchige Magazin wird von der „Operativen Information“ für die deutsche KFOR hergestellt und kostenlos an die Bevölkerung im deutschen Sektor Kosovas verteilt. Ich sagte zu, so dass ich im Spätsommer eine sehr fachorientierte aber auch militärische Vorausbildung absolvieren konnte.

Am 6. November 2001 schließlich startete ich von Leipzig in meinen fünfmonatigen Kosova-Einsatz. Es war der Beginn einer spannenden und interessanten, wenngleich nicht immer einfachen Zeit. Von dieser nun handelt das vorliegende Buch. Es will keine militärische Analyse und detailversessene Darstellung der KFOR-Mission liefern. Vielmehr werden in den einzelnen, in sich abgeschlossenen und unabhängigen Berichten zahlreiche Eindrücke, Erfahrungen und Erlebnisse aus meinem Einsatz dargestellt und beleuchtet, die insgesamt ein anschauliches Bild der Situation Kosovas, der Lebenssituation der deutschen Soldaten vor Ort und schließlich meiner Tätigkeit zeichnen sollen.

Die meisten Berichte habe ich mit geringem zeitlichen Abstand zum Erlebten geschrieben, vor Ort in Prizren. Ihre Reihenfolge ist chronologisch; die Perspektive des noch laufenden Einsatzes wurde bewusst beibehalten, um ihre Authentizität zu erhalten.

Bei den (Orts)Bezeichnungen habe ich mich an die heute in Kosova übliche albanische Transkription gehalten und zwar im unbestimmten Nominativ. Die herkömmliche serbische Schreibweise kommt nur dann zur Anwendung, wenn Orte mit heute mehrheitlich serbischer Bevölkerung in Kosova erwähnt werden. Die serbische Bezeichnung „Kosovo“ wird nur bei feststehenden Termini verwendet wie etwa „Kosovo-Krieg“ oder „Kosovo Force“ und im Rahmen zweier Berichte, die von den Serben in der Region handeln. Durch dieses Prinzip soll die schwierige Situation und Zerrissenheit des Landes unterstrichen werden. Zum besseren Verständnis habe ich zwei Transkriptionstabellen beigefügt. Die Schreibweise der (Orts)Bezeichnungen richtet sich in erster

Linie nach den Vorgaben des „Kosovo Atlas“ des UNOCHA*. Abkürzungen und diverse Fachbegriffe werden im beigefügten Glossar erläutert.

Ich möchte an dieser Stelle die Gelegenheit nutzen, mich bei jenen Menschen zu bedanken, die durch ihr kritisches Urteil dieses Buch bereichert und mich ermutigt haben, es zu veröffentlichen. Da wären zunächst Avni Thaçi, der mir bei der Schreibung und Übersetzung albanischer Ausdrücke half, und Norbert Rütsche, der noch im Einsatz viele der nachfolgenden Berichte kritisch durchgesehen hat. Nach der Fertigstellung des Manuskripts gab ich dieses Freunden und Bekannten, die es ebenfalls kritisch durchsahen und mir hilfreiche Hinweise gaben. Hier möchte ich vor allem Matthias Heimer und Manfred Schröder danken für ihr großes Engagement, außerdem Hermann Breil, Björn Goetze, Michael Eiers, Martin Krumbe, Frank Mothes, Christian Probst und Henning Rubach für ihre hilfreiche Unterstützung.

---

* Kosovo Atlas, hrsg. v. HCIC, UNOCHA u.a., 2. Auflage, Priština 2000.

Erste Eindrücke von Kosova

Es war 1 Uhr in der Nacht, als ich mit einem Kraftfahrer von Mayen aus in Richtung Leipzig aufbrach. Nach gut fünfeinhalb Stunden Fahrt erreichten wir, ein wenig übernächtigt, den Leipziger Flughafen. Der Fahrer kannte sich nicht aus, stellte den Wagen auf irgendeinem Parkplatz ab und meinte, ich solle das Gepäck aufnehmen und den entsprechenden Terminal zu Fuß suchen. Zum Glück konnte ich ihm diese Schnapsidee ausreden und fand auch bald zwei freundliche Polizisten, die uns weiterhalfen. Kurz nach 7 Uhr setzte mich der Fahrer dann beim gesuchten Terminal ab. Dort waren zwar viele Uniformierte, ich kannte allerdings niemanden. Es war ein trüber Dienstagmorgen, das triste Gesicht des 6. November 2001.

Es sollten noch etwa vier Stunden vergehen, bevor der Luftwaffen-Airbus endlich startete. Mein und meiner Kameraden Gepäck – der Flug war quasi ‚ausgebucht' – war vorher bereits verstaut worden. Es war mein erster Flug seit fast achteinhalb Jahren, abgesehen von einem Helikopterflug über See während meiner Marinezeit 1999. Mir war fast so, als entdeckte ich eine völlig neue Welt. Die meiste Zeit schienen wir über einem Wolkenmeer zu schweben, umspielt vom gleißenden Licht der Sonne. Nur selten riss die Wolkendecke auf, offenbarte uns dann jedoch wunderschöne Landschaften, meist weiträumige Ackerflächen oder zerfurchte Gebirge. Wir flogen über Tschechien, die Slowakei,

Ungarn, Rumänien und Bulgarien nach Mazedonien.

Kurz vor 13 Uhr, zwei Stunden nach dem Start, landete die Maschine in der mazedonischen Hauptstadt Skopje, die der Bundeswehr als Nachschubbasis auf dem Balkan dient. Wir verließen den Airbus und stiegen um in bereitgestellte Busse, die uns in ein nahegelegenes Areal der mazedonischen Armee brachten. Der NATO ist dort ein gewisser Bereich zugeteilt, wo im Wesentlichen die Gepäckausgabe stattfand und anschließend ein Konvoi über Prishtinë in Richtung Prizren startete.

Zwei Kameraden von der „Operativen Information“ erwarteten mich bereits. Nachdem ich mein Gepäck aufgenommen hatte, führten sie mich zu einem bereitstehenden „Wolf“, einem jeepähnlichen Geländefahrzeug der Bundeswehr. Gegen 14.30 Uhr fuhren wir los, raus aus dem Stützpunkt, ein Stück weit durch Skopje, dann auf eine Autobahn und schließlich über berggesäumte Landstraßen. Es öffnete sich mir eine andere, fremde Welt. Viel Müll lag abseits der Straßen, viele Geschäfte präsentierten sich basarähnlich am Straßenrand und zahlreiche Menschen, ob Kinder oder Greise, überquerten zu Fuß die Autobahn. In Skopje selbst kamen Kinder und bettelten, sobald Fahrzeuge irgendwo anhielten. Sie kletterten bisweilen sogar auf die Führerhäuser von LKWs, andere stürzten mit Putzmitteln zu den Scheiben und reinigten sie. Nach geraumer Zeit gelangten wir zu einem von griechischen KFOR-Truppen bewachten Kontrollpunkt, der die Grenze zu Kosova darstellte.

Wir fuhren insgesamt zweieinhalb Stunden. Die Landschaft Kosovas ist atemberaubend schön. Zerklüftete Gebirgszüge wechseln mit malerischen Ebenen.

Wasserfälle und zahlreiche Bäche ergießen sich aus den Bergen hinab in die Täler. Flüsse prägen die Landschaft wie die in den Himmel ragenden, teils schneebedeckten Berggipfel. Nur der allgegenwärtige Müll störte das Bild – und zwar Müll aller Art, von der Plastikflasche bis zum Autowrack.

Manchmal fühlte ich mich in eine andere Zeit zurückversetzt, wenn wir wieder einen Ochsen- oder Pferdekarren überholten. Auffällig waren auch die zahlreichen UÇK-Ehrenmale, über denen stets zumindest eine (der albanischen sehr ähnelnde) ‚kosovarische' Flagge wehte, ein schwarzer Doppelkopfadler auf rotem Grund. Charakteristisch für diese Gedenkstätten sind relativ aufwendige Monumente, die aus einem wogenden Blumenmeer emporragen.

Unser Weg führte uns auch durch schwer bewachte Serbenenklaven und viele albanische Dörfer. Wir sahen verfallene und zerstörte Häuser, aber auch Ergebnisse einer regen Bautätigkeit. Faszinierend war für mich nicht nur die atemberaubende Landschaft, sondern besonders Prizren. Entgegen meiner Erwartungen war es eine lebendige und pulsierende Stadt mit regem Geschäftsleben. Viele kleine Läden reihten sich aneinander, vor allem für Textilien, Schuhe und Lederwaren, aber auch für Bücher, Elektro- und Tabakwaren, Fleisch, das ungekühlt in den Schaufenstern hing oder ausgelegt war, Gebäck und andere Lebensmittel. Ich kam bis zum Eingangstor des Feldlagers, welches an einen Berghang bei Prizren gelehnt ist, nicht mehr aus dem Staunen.

Parlamentswahlen 2001

Samstag, der 17. November 2001, war Wahltag in Kosova. Die Bevölkerung war aufgerufen, ein kosovarisches Parlament zu wählen.

Gemeinsam mit einem Offizier und einem Kraftfahrer war ich an diesem Tag in Prizren und Umgebung unterwegs. Unser Auftrag war es, photographische Aufnahmen von Wählern, Wahllokalen und eventuellen ‚Veranstaltungen', also von Wahlpartys bis hin zu Demonstrationen, zu machen.

Vormittags fuhren wir zunächst durch Prizren und Umgebung. Wir hatten uns eine Liste der Wahllokale in der Region beschafft und machten uns auf, diese zu suchen. Nachdem wir erste Eindrücke gesammelt hatten, kehrten wir mittags ins Lager zurück und versuchten einen Sprachmittler zu bekommen, was allerdings nicht gelang. Für den gesamten Bereich „Operative Information" („Dritarja"-Redaktion, Zielgruppenradio/„Radio Andernach" und Zielgruppenanalyse/Presseauswertung) arbeiteten insgesamt sieben Sprachmittler, doch an diesem Tag stand für uns leider keiner zur Verfügung.

Nachmittags suchten wir weitere Wahllokale in und um Prizren auf und machten diverse Photos. In Suharekë wurden wir Zeugen einer spontanen, freudigen Wahlveranstaltung. Unter einer Banderole mit der Aufschrift „Happy Free Elections Kosova" tanzten junge Männer, ‚kosovarische' Flaggen schwenkend, zu einheimischer Musik, die von Flötenbläsern und Trommlern gespielt wurde.

Am späten Nachmittag wurde entschieden, zwei entlegenere Wahllokale aufzusuchen. Deshalb fuhren wir kurz nach dem Verlassen der Ortschaft Suharekë ‚querfeldein' und folgten verschiedenen Feldwegen. Wir passierten zwei kleine Dörfer, und fuhren weiter auf eine Ortschaft zu, die sich aber als unbewohnt herausstellte. Zahlreiche Häuser waren augenscheinlich gesprengt worden, andere dem Verfall preisgegeben. Nachdem ich einige Photos gemacht hatte – ohne dabei auch nur einen Schritt neben den Weg zu setzen – fuhren wir weiter, einen von verwahrlosten Weinbergen gesäumten Feldweg entlang, dann einen Hügel hinauf. Dort begegneten wir einem einsamen Fußgänger, den wir nach dem Weg und dem Namen der Geisterstadt fragten. Sie heißt Novak.

Es dämmerte bereits. Nach einem vergeblichen Versuch, anderweitig zum Ziel zu gelangen (wir suchten immer noch die beiden Wahllokale), folgten wir schließlich den tief zerfurchten Wegen durch die Weinberge, grob orientiert an der angewiesenen Richtung. Etwa eineinhalb Stunden irrten wir mit unserem VW-Bus durch das Gebiet – es war inzwischen dunkel geworden – bis wir die erste kleine, bewohnte Ortschaft erreichten. Noch gut eine Stunde fuhren wir über Feldwege, die diese Bezeichnung eigentlich nicht verdienten, ständig von halsbrecherisch fahrenden Kosovaren überholt, bis wir schließlich Suharekë erreichten. Wir waren erheblich vom Kurs abgewichen. Wenigstens hatten wir noch eines der Wahllokale gefunden, in einem der kleinen Orte, die wir passierten. Gegen 19 Uhr gelangten wir endlich zum Feldlager Prizren.

Die Wahlen selbst verliefen relativ ruhig und diszipliniert. Es gab vereinzelt Probleme mit der Beflaggung der Wahllokale, da die Flagge der Vereinten Nationen mancherorts durch die ‚kosovarische' ersetzt wurde, entgegen der Richtlinien. OSZE und UNMIK als auch Vertreter der Europäischen Union zeigten sich aber mit dem Verlauf insgesamt sehr zufrieden. Auch die Führer der großen kosovo-albanischen Parteien äußerten sich in ähnlicher Weise.

Programmatisch unterschieden sich die zur Wahl angetretenen kosovo-albanischen Parteien und Gruppierungen kaum von einander. Die Unabhängigkeit Kosovas stand bei allen im Vordergrund. (Völkerrechtlich ist Kosova noch immer ein Teil Jugoslawiens unter Sonderverwaltung der Vereinten Nationen.) Problematiken, wie etwa die mangelhafte Stromversorgung, die schwierige wirtschaftliche Situation, die hohe Arbeitslosigkeit und die unkontrollierte Müllentsorgung in der Landschaft, die dringend der Lösung bedürfen, waren dagegen kaum ein Thema.

Um einen Boykott der Minderheiten und somit ein De-facto-Scheitern der Wahl zu vermeiden, waren den Serben, Goranern, Roma, Türken, Bosniaken, Ashkali und Ägyptern im Vorfeld der Wahl 20 der insgesamt 120 Sitze im Parlament fest zugewiesen worden. Weil aber diese und weitere Zugeständnisse der internationalen Gemeinschaft an die Minderheiten, vor allem an die Serben, den Interessen der Kosovo-Albaner direkt zuwiderliefen, wurden Unruhen befürchtet. Das diese erwarteten Unruhen nicht eintraten lag wohl hauptsächlich daran, dass die Serben zwar im Parlament vertreten sind, praktisch aber kaum einen Einfluss auf die Entscheidungen haben.

Die Gesamtwahlbeteiligung lag bei 63,2 %, was für Kosova ein durchaus sehr respektables Ergebnis ist. Betrachtet man die Beteiligung der beiden wichtigsten ethnischen Gruppen an der Wahl separat, dann zeigt sich, dass die integrative Strategie der UNMIK und OSZE aufgegangen ist: 65 % der Kosovo-Albaner und immerhin 53,6 % der Kosovo-Serben gaben ihre Stimme ab.

Ibrahim Rugovas gemäßigte LDK wurde mit gut 46 % der Stimmen stärkste Fraktion im neuen Parlament, gefolgt von der PDK Hashim Thaçis (25,5 %) und der AAK Ramush Haradinajs (7,8 %). Stärkste Fraktion der Kosovo-Serben wurde die *Koalition Povratak* mit immerhin fast 11 % der Stimmen.

Die Parlamentswahlen 2001 waren ein wichtiger Schritt hin zur Selbstverwaltung Kosovas. UNMIK und OSZE werden nun erste Aufgaben dem neuen Parlament überantworten und mit dem, wenn auch relativ langsamen, Rückzug aus der Region fortschreiten. Konkret wird sich das neue kosovarische Parlament in seiner ersten, dreijährigen Legislaturperiode nur mit lokalen Fragen beschäftigen, etwa aus den Bereichen Beschäftigung, Bildung und Kultur. Wann diese Aufgaben tatsächlich übertragen werden, ist abhängig von der Bildung des Kabinetts und der Präsidentenwahl. Beides stellt sich aus verschiedenen Gründen als äußerst problematisch dar[*]. Im Rahmen der für das Jahr 2002 geplanten Kommunalwahlen soll dann die Überantwortung weiterer Aufgaben an lokale Behörden folgen.

---

[*] *Nachtrag:* Erst am 4. März 2002 sind alle Verhandlungen abgeschlossen und ist Ibrahim Rugova zum ersten Präsidenten Kosovas gewählt worden.

Wasser und Abwässer

In Sichtweite des Morinë-Passes entspringen zwei der ergiebigsten Quellen Kosovas: Vërmicë und Shkozë. Aus beiden Quellen sprudelt in gewaltigen Mengen Wasser aus dem Boden. Zwischen 800 und 1000 Liter ergießen sich pro Sekunde aus dem Karst.

Das meiste Wasser der Quelle Vërmicë wird durch zahlreiche Betonbecken geleitet, der Rest versickert ungenutzt im umliegenden Gelände. In den Betonbecken werden Fische gezüchtet, die in einem nahen Restaurant auf Bestellung zubereitet werden. Das Wasser selbst fließt durch dieses Restaurant und das verleiht ihm eine einzigartige Atmosphäre. Anschließend ergießt es sich in einen großen Teich, der eine Art Frischwasserreservoir darstellt, wo das Wasser aus den nahe beieinander liegenden Quellen Vërmicë und Shkozë zusammenfließt.

Täglich fahren von Traktoren gezogene Tankwagen in diesen Teich hinein, die Frischwasser aufnehmen und zumeist die nahegelegene Ortschaft Zhur beliefern. Wenn keine mobilen Pumpen vorhanden sind, dann wird das Wasser in mühsamer Handarbeit mit Eimern umgefüllt. Die Ortschaft versorgt sich darüber hinaus auch aus der Quelle Shkozë selbst. Die vorhandenen Pumpen liefern allerdings noch nicht die benötigte Menge Wasser. Außerdem wäre das Leitungsnetz momentan damit überlastet. Aber es wird, wie auch in vielen anderen Orten in Kosova, an einer Verbesserung der Wasserversorgung gearbeitet. Die zusätzliche Belieferung mit Tankwagen ist eine Zwischenlösung.

Die Stadt Prizren deckt ihren Frischwasserbedarf hauptsächlich aus vier örtlichen Quellen und Auen des Flusses Lumbardhi: Kërk Bunar, Nashec, Bunarllëk I und Bunarllëk II. Die oben genannten Quellen Vërmicë und Shkozë im Verein mit einer weiteren, Poslishtë, sollen mittel- bis langfristig ebenfalls als zusätzliche Quellen für die Wasserversorgung von Prizren dienen. Der durchschnittliche Wasserverbrauch eines Haushaltes im Stadtgebiet liegt bei circa 200 Litern pro Person und Tag. Der Verbrauch ist allerdings geschätzt, in etlichen Haushalten fehlen noch die Wasseruhren.

Viele Ortschaften speisen ihren Frischwasserbedarf jedoch nicht beziehungsweise nicht nur aus Quellen und Tankwagen, sondern auch aus Stauseen, Flüssen, Zisternen und dem Grundwasser, dessen Qualität nachweislich gut und unbedenklich ist.

Bisher wird die Qualität des benutzten Frischwassers nur stichprobenweise überprüft. Wann flächendeckende Untersuchungen beginnen, ist zur Zeit noch nicht absehbar*. UNMIK beabsichtig aber Wasserschutzzonen einzurichten, so etwa den Bereich um die Quellen Bunarllëk I und Nashec sowie Vërmicë.

Die Abwasserentsorgung in Kosova birgt ebenfalls viele Probleme, die jedoch nach und nach behoben werden sollen. Kanalnetze sind zwar vielerorts vorhanden, doch häufig marode. Es gibt keine funktionierenden Kläranlagen, die etwaige Abwässer filtern. Deshalb werden sie zum Teil in Sickergruben gesammelt, häufig aber unkontrolliert in Flussläufe und Bäche geleitet. Mancherorts lässt man sie

* Stand November 2001.

sogar offen auf die Straße abfließen. Diese Umstände führen natürlich zu Problemen. Besonders die Qualität des Oberflächenwassers wird massiv beeinträchtigt. Zur Abwasserproblematik gesellt sich außerdem die weit verbreitete Vermüllung der Flussläufe; Autowracks und anderer Unrat belasten das Ökosystem. Vor allem verunreinigtes Wasser birgt die Gefahr von Krankheiten. Gerade biologischer Müll, ob es nun Fäkalien im Abwasser oder Tierkadaver sind, der in Bächen, Flüssen oder Teichen entsorgt wird, ist ein idealer Nährboden für Keime aller Art. Das Einleiten von Abwässern in Flüsse, Seen und andere Gewässer ist ohnehin immer eine Bedrohung für die Umwelt und damit für den Menschen selbst. Laut dem Gesundheitsdepartement der UNMIK treten in Kosova aufgrund verunreinigten Wassers jedes Jahr wieder verschiedene Krankheiten auf wie etwa Hepatitis A, diverse Durchfallerkrankungen und Magen-Darm-Infekte.

Dita e Flamurit – Tag der Flagge

Der 28. November ist für das albanische Volk ein besonderes Datum, in Albanien ist er Nationalfeiertag. Auch in Kosova wird dieser Tag, der „Tag der Flagge“ (*alb.* Dita e Flamurit), besonders gefeiert. Drei wesentliche Ereignisse, die für das albanische Nationalbewusstsein wichtig sind, fanden bisher an jenem Tage statt: Im Jahr 1443 hisste der albanische Türkenkrieger und Volksheld Gjergj Kastrioti, genannt Skanderbeg (Alexander), in Krujë, nördlich von Tiranë, erstmals die Flagge, welche Vorbild wurde für jene des neuzeitlichen Staates Albanien. Dieser Staat wurde im Jahr 1912, auf den Tag genau 469 Jahre nach Skanderbegs Flaggenheißung, im Zuge des sogenannten Ersten Balkankrieges von einem Nationalkongress in der Hafenstadt Vlorë ausgerufen. Den Abschluss in der Trilogie bildet der „Tag der Befreiung“ des Landes vom Faschismus 1944, den vor allem die kommunistische „Partei der Arbeit Albaniens“ (PAA) um Enver Hoxha zelebrierte.

Bereits am Tag zuvor kündigte sich das bevorstehende Ereignis an. Überall in Prizren wurden an Gebäuden und in den Schaufenstern der Geschäfte ‚kosovarische’ Flaggen ausgebracht. Doch nicht allein Privatleute dekorierten ihre Häuser, auch die Stadt Prizren selbst schickte sich an, die Straßen zu schmücken. Alle paar Meter flatterte, vornehmlich an Straßenlaternen, der schwarze Doppelkopfadler auf rotem Grund.

„Am Mittwoch sah Prizren wie eine Stadt der Flaggen aus“, schrieb eine örtliche Zeitung, und wirklich, treffender hätte man es kaum formulieren können. Zu den Dekorationen kamen die vielen Menschen, die, bisweilen aus Autofenstern heraus oder auf fahrenden Autos sitzend, ihre Flaggen ausgelassen und freudig schwenkten. Sogar am Minarett zahlreicher Moscheen wehten die Symbole kosovo-albanischer Unabhängigkeitsträume.

Es herrschte Feiertagsstimmung, im wahrsten Sinne des Wortes. Im schönsten Stadtteil Prizrens, der Altstadt, versammelten sich auf den nahe beieinander liegenden Plätzen vor der Sinan-Pascha-Moschee und der serbisch-orthodoxen Kirche vor allem junge Menschen, hier und da knallten Feuerwerkskörper.

Ich selbst nahm an diesem 28. November 2001 an einer Pressekonferenz der UNMIK teil, die immer mittwochs gegen 10 Uhr stattfindet. Dadurch konnte ich mir einen eigenen, wenn auch nur flüchtigen Eindruck von den Geschehnissen in Prizren verschaffen. Das UNMIK-Hauptgebäude liegt im Zentrum der Stadt, von der Altstadt aus betrachtet auf der gegenüberliegenden Seite des Flusses Lumbardhi.

Ein weiteres Ereignis in Prizren war der Kongress des albanischen Weltverbandes, der viele Fragen, nicht zuletzt über die Zukunft Kosovas, diskutiert und tags zuvor seinen Abschluss gefunden hatte. Am Rande dieser Veranstaltung machte eine die Gemüter vieler Kosovo-Albaner bewegende Statue auf ihrem Weg von Tiranë nach Prishtinë in Prizren Station. Sie war ein Geschenk Albaniens an Kosova und stellt den Volkshelden Skanderbeg dar, hoch zu Ross, in kampfbereiter Pose. Diese Statue ist jener in Krujë nachempfunden, wo Skanderbeg einst zum ersten Male sein Banner hisste, das, wie anfangs erwähnt, Jahrhunderte später in der albanischen nationalen Bewegung wieder auflebte und zur Flagge des Nationalstaates Albanien avancierte. Von der TMK geleitet setzte diese Statue schließlich ihren Weg nach Prishtinë fort, wo sie am „Tag der Flagge“ feierlich vom Parteiführer der LDK, Ibrahim Rugova, gegenüber dem Nationaltheater eingeweiht wurde. Mehrere zehntausend Menschen wohnten dem Ereignis bei. Viele Kosovo-Albaner erfüllte die Einweihung des Denkmals mit Stolz, denn noch ein Jahr zuvor hatte die UNMIK das Aufstellen der Statue untersagt. Der „Tag der Flagge“ 2001 wird von vielen Menschen in Kosova als historische Zäsur begriffen. Ob es eine solche wirklich ist, das wird sich noch zeigen müssen.

Unterwegs im Pashtrik-Gebirge

Anfang Dezember arbeitete ich an einem Artikel über die Partnerschaft der Städte Bingen und Prizren. Ich hatte im Rahmen dieser Recherche bereits verschiedene Orte besucht, so etwa die Feuerwehr und ein Gymnasium in Prizren, wo mit Spendengeldern aus Bingen Hilfe und Unterstützung geleistet worden war. Am 7. Dezember schloss ich die Recherche endlich ab – auf recht abenteuerliche Weise.

Gegen 9 Uhr brach ich mit drei Kameraden vom Lautsprechertrupp, einem Sprachmittler und zwei „Wölfen“ auf in Richtung Gorozhup, einem Dorf im Pashtrik-Gebirge an der albanischen Grenze, westlich von Prizren. Entlang einer bestimmten Route verteilten wir unser Magazin „Dritarja“ in verschiedenen Dörfern. Ich selbst wollte in Gorozhup Eindrücke, Aussagen und Photos für meinen Artikel einfangen, denn dort gibt es eine Schule, die zum Teil mit Bingener Spendengeldern aufgebaut worden ist.

Die Route führte uns über Wege, die ich in Deutschland nicht zu befahren wagen würde. Auch eine beschädigte Brücke passierten wir, die sich über ein tiefes Flusstal spannte, obwohl es treffender wäre, von mehreren dicken Betonpfeilern zu sprechen, die in einer Reihe hintereinander jene abenteuerliche Konstruktion trugen, die einst eine zuverlässige Brücke gewesen sein mochte. Stellenweise fehlten Stücke des verrosteten Geländers, zum Teil war es massiv deformiert, und an den

Brückenrändern waren einige größere Betonstücke herausgebrochen.

Tiefe Schlaglöcher, zahllose Felsbrocken, Schlamm, mehrere Meter große Pfützen und, je höher wir kamen, Eis und Schnee erwarteten uns. So sehr ich auch durchgerüttelt wurde, es war ein herrliches Abenteuer. Die Berglandschaft, die sich mir offenbarte, war atemberaubend schön. Nebel legte sich um die höheren, entfernten Gipfel. Schnee mischte sich mit dem charakteristischen Buschwerk und Gestrüpp, das die albanischen und kosovarischen Berge prägt. Manches Mal tauchte ein kleines Dorf in der buckeligen Landschaft auf, das wir dann anfuhren. Jedes kleine Dorf hatte mindestens ein Geschäft, wo wir die „Dritarja“ hingaben, meist fünfzig Exemplare. Auffällig war jedoch, dass selbst in dieser schönen Umgebung hier und da Müllansammlungen waren, wie man sie überall in Kosova findet. Von einer zertretenen Puppe am Straßenrand bis hin zu ausgeschlachteten und verrottenden Autowracks, die in der Landschaft entsorgt worden waren, sah ich so ziemlich allen erdenklichen Unrat, den irgendwer achtlos weggeworfen hatte. Auch in den Ortschaften, die wir anfuhren, verhielt es sich kaum anders.

Die Spuren des Krieges waren in den Bergdörfern noch deutlich zu sehen. Vor allem das Dorf Planejë, in unmittelbarer Nachbarschaft zu Gorozhup, hat bleibende Eindrücke bei mir hinterlassen. Nach der Aussage des uns begleitenden Sprachmittlers war dieser Ort sehr heftig umkämpft, weil dort während des Kosovo-Krieges serbische Milizen stationiert waren, die brutal gegen grenzüberschreitende Flüchtlinge und die Bewohner der Bergregion vorgegangen sein sollen. Die Ortschaft ist 1999 im Rahmen der

NATO-Operation „Allied Force“ bombardiert worden. Nun, gut zwei Jahre nach Kriegsende, gab noch immer nur wenige unbeschädigte Häuser, die meisten davon waren neu gebaut. Wo ich hinschaute, sah ich nur Trümmer. Erst langsam beginnt Planejë wieder aufzuleben. Mit der Zeit kehren die ehemaligen Bewohner in ihre Heimat zurück. Von großer Wichtigkeit ist dafür das neue Schulgebäude, das hauptsächlich mit schweizerischer Unterstützung errichtet worden ist. In unmittelbarer Nähe befindet sich ein UÇK-Ehrenmal, eine weitere Spur des Krieges, allgegenwärtig in Kosova.

Wenn man in Kosova von den Spuren des Krieges spricht, gerade in Bezug auf die bergigen Grenzregionen zu Albanien und Mazedonien, dann darf man die wohl teuflischsten Überreste der Kämpfe nicht vergessen: die Hunderttausenden Minen. Abseits der Wege, die wir nutzten, war die Minenlage des Gebietes unklar. Nur einen Fuß abseits zu setzen, bedeutete akute Lebensgefahr. Als wir unterwegs anhalten mussten, um eine Notdurft zu verrichten, erfolgte diese nicht am Straßenrand oder im dahinter liegenden Buschwerk, sondern selbstverständlich auf dem Weg. Minen sind in Kosova immer noch eine große Gefahr. Jedes Jahr werden durch die Schneeschmelze oder bei heftigen Regenfällen diverse Kampfmittel auf bereits geräumtes Gebiet gespült, bisweilen sogar auf freigegebene Wege und Straßen. Und jedes Jahr werden mehrere Menschen bei Minenunfällen verletzt, verstümmelt und getötet. So schön und verzaubernd die bergige Landschaft auf den ersten Blick ist, wie idyllisch und romantisch sie auch erscheinen mag, überall und jederzeit, das gilt es im Bewusstsein zu behalten, lauert hier der Tod in vielfältiger und heimtückischer Form.

Nach gut zwei Stunden erreichten wir schließlich Gorozhup. Selbst dort lagen ein verrosteter, umgestürzter Bus mitten im Ort und außerdem einige Autowracks, die mancher „dekorativ“ in die sein Grundstück abgrenzenden Mauern eingearbeitet hatte. Ansonsten aber war es ein malerisches kleines Bergdorf, eingebettet in eine herrliche Landschaft und in Sichtweite der albanischen Grenzposten.

Als wir zur Schule gelangten, stach mir sofort eine Brandruine ins Auge, die wie ein Mahnmal neben dem neuen Unterrichtsgebäude wirkte. In der Tat war dies das alte Schulhaus der Ortschaft. Ich betrat das neue Gebäude gemeinsam mit einem Kameraden und es gelang mir recht schnell, einen Interviewpartner zu bekommen. Er war Lehrer an der Schule und unterrichtete in Gorozhup schon seit mehreren Jahren. Seine Erzählungen aus der Kriegszeit bewegten mich. Er hatte mit ansehen müssen, wie serbische Milizen 1999 das Schulgebäude niederbrannten und Dorfbewohner misshandelten. Er erzählte von seiner Flucht, der späteren Rückkehr und schließlich erzählte er mit dankerfüllter Stimme vom Wiederaufbau des Schulgebäudes, der, wie eingangs erwähnt, zum Teil mit Bingener Spendengeldern finanziert worden ist. Ich sprach noch mit zwei Schülern und machte abschließend Photos, dann mussten wir auch schon den Rückweg antreten. Gorozhup war der Endpunkt dieser Route.

Der Rückweg war genauso aufregend wie die Hinfahrt, nur dass wir diesmal keine Zwischenstopps einlegten, mit Ausnahme einer kurzen Pause an der oben erwähnten Brücke, die ich zum Photographieren nutzte. Am frühen Nachmittag kehrten wir alle wohlbehalten ins Feldlager Prizren zurück, wo ich, mit zahllosen Eindrücken des erlebnisreichen Tages behaftet, meinen Artikel zur Städtepartnerschaft Bingen-Prizren fertig stellte.

Fröhliche Weihnacht überall?

Der Heilige Abend war ein schneereicher Tag in Kosova. Weiße Weihnacht, wie man sie sich daheim für jedes Jahr wünschen würde. Trotzdem wollte weihnachtliche Stimmung nicht so recht aufkommen. Die Umgebung und die Gedanken an die weit entfernte Familie, die in gemütlicher Atmosphäre zu Hause feierte, beschäftigten die meisten Gemüter und nicht wenige nutzten intensiv ihr Mobil- oder das Betreuungstelefon.

In den letzten beiden Wochen vor dem Weihnachtsfest verkehrten täglich zigtausend Briefe, Postkarten, Päckchen und Pakete zwischen Kosova und Deutschland per Feldpost. Täglich sah ich im Feldlager Soldaten mit ihrer Post unter dem Arm zwischen ihrem Arbeitsbereich, ihrer Unterkunft und der Feldpoststelle pendeln.

Auch der Dienstherr versorgte uns mit Weihnachtspäckchen. In kleinen, braunen Pappboxen, die mit dem Gefahrgutzeichen „Leicht entzündlich" und einem Aufkleber „Frohe Weihnachten" verziert waren, fand man nach dem Öffnen ein Gasfeuerzeug, einen Terminplaner oder ein Multi-Tool und einen Schokoladen-Weihnachtsmann – mit Versorgungsnummer!

Für die Stabsversorgungskompanie war am Abend auf dem Platz vor der „Blauen Residenz" eine Art Weihnachtsmarkt errichtet worden, wo Würstchen und Steaks gegrillt und kostenlos verteilt wurden und man Darts oder Torwandschießen spielen konnte. Zwei große Feuer loderten auf dem

Platz, links waren die Spielbuden, rechts die Bratroste und Glühweinstände. Die Veranstaltung war von 17 bis 21 Uhr angesetzt und zunächst sehr gut besucht, was allerdings daran liegen mochte, dass es ein „dienstliches geselliges Zusammensein“ war.

Um die Feuer drängten sich auffällig viele Kameraden, der Rest wärmte sich mit Glühwein oder heißem Tee. Unablässig schneite es und mit der Zeit bedeckten die großen Flocken die verschiedenfarbigen Baretts und Feldmützen, bedeckten sie die Dienstgradabzeichen der zunehmend frierenden Kameraden. Der von NATO-Bomben zerrissene Gebäudekomplex „Blaue Residenz“ wirkte im Feuerschein unwirklich und beinahe friedlich, ja romantisch. Dieser Heilige Abend war in der Tat der ungewöhnlichste, den ich je erlebt habe, und vielen Kameraden ging es nicht anders. Zwar hatte man sich viel Mühe bei der Ausgestaltung der Weihnachtsfeier gegeben, der Zwang, dorthin gehen zu müssen, weil es befohlen war, verdarb jedoch so manchem die Stimmung. Da half auch die Beschallung mit deutschen Schlagern, Rock- und Popmusik und bisweilen sogar Techno durch unseren Lautsprechertrupp nichts. Weihnachten im Einsatz als Soldat hat nun einmal einen bitteren Beigeschmack, und der krampfhafte Versuch, das Beste daraus zu machen, ist letztlich irgendwo verständlich.

Wirklich schön und gelungen war dagegen die ökumenische Christmette, die um 22.30 Uhr in der großräumigen Betreuungseinrichtung „Oase“ gefeiert wurde. Sowohl der katholische als auch der protestantische Militärpfarrer verstanden es sehr gut, auf die schwierige Situation einzugehen. Ihre vielfältigen Denkanstöße und einfühlsamen Worte waren Balsam für die Seele und schafften es, die Gemüter zu erhellen.

Der 25. Dezember war für mich enttäuschend und mit Ärgernissen behaftet, weihnachtlich war er jedenfalls nicht. Und der darauf folgende zweite Weihnachtstag wurde nur durch ein abendliches, gemeinsames Essen in der Abteilung aufgewertet. Das allerdings schmeckte wirklich gut; es gab Schweinebraten, Käse-Kartoffel-Auflauf, Sauerkraut und Salat. Auch der Rahmen, in dem es stattfand, war durchaus angenehm. Nichtsdestotrotz war das Weihnachtsfest 2001 ein wenig besinnliches und ziemlich tristes.

Silvesterparty mit Gogo-Girls und Kalaschnikowfeuer

Das Dezemberwetter war launisch. Heftiges Tauwetter hatte eingesetzt. Die enormen Schneemassen, die der Himmel zuvor über Kosova und weiten Teilen des Balkans tagelang ausgeschüttet hatte, schmolzen in Windeseile dahin. Aber der 31. Dezember 2001 brachte erneut einen Kälteeinbruch mit massivem Schneefall während des Tages und der Nacht.

Der Verkehr in Prizren und Umgebung war quasi zum Erliegen gekommen. Ein Vorwärtskommen scheiterte an der tollkühnen Fahrweise vieler Kosovaren, die trotz allem ohne Schneeketten und zum Teil noch mit Sommerreifen versuchten, irgendwie von A nach B zu fahren und dadurch viele Unfälle verursachten. All das erinnerte mich sehr an die aktuellen Fernsehbilder aus Deutschland vom dortigen Jahrhundertwinter.

Unserer abendlichen Silvesterzusammenkunft im Bereich der „Operativen Information", die liebevoll mit belegten Brötchen, Knabbereien, etwas Bier und Bowle aufgelockert wurde, tat dies jedoch keinen Abbruch. Im Gegenteil, es war ein gemütliches Beisammensein in einem warmen, allerdings zunehmend durch Zigarrenrauch verqualmten Raum der Abteilung, währenddessen es draußen schneite und schneite und immerfort schneite. Gegen 22.30 Uhr zog es dann aber nach und nach so manchen in eine der insgesamt sieben Betreuungseinrichtungen, die zum Teil ein sehr interessantes Silvesterprogramm boten.

Mich selbst zog es in die sogenannte „Millennium Bar“ der Fernmelder, wo eine lokale Band namens „Helix“ auftrat und internationale Rock- und Popmusik darbot. Sie wurde unterstützt von zwei Gogo-Girls, die augenscheinlich mehr Anklang und Interesse beim Publikum fanden, als das musikalische Angebot. Dieser Live-Act fand allerdings nicht in der Bar selbst statt, sondern im angegliederten Truppenkino; eine begehbare und überdachte Verbindung war erst kurz zuvor fertiggestellt worden. Die „Millennium-Bar“ ist ausgestattet mit einer Theke, mit Sitzgelegenheiten und einer Tanzfläche, außerdem einer Fernsehecke und einem Billardtisch. Überall tanzten und feierten nun zahlreiche Kameraden ausgelassen und fröhlich, zumindest in dem Rahmen, wie es die Umstände im Kosova-Einsatz eben zulassen. Soldaten aus verschiedenen Nationen, aus Bulgarien und Österreich, aus der Schweiz und Deutschland, aus Frankreich und der Türkei – sie alle machten das Beste aus der Situation und genossen die Abwechslung, die ihnen der Silvesterabend mit seinen Veranstaltungen im Feldlager verschaffte.

In den letzten Minuten vor Mitternacht drängten zahlreiche Uniformierte aus den verschiedenen Betreuungseinrichtung hinaus, um Zeugen einer kuriosen und ungewöhnlichen Begrüßung des neuen Jahres 2002 zu werden. Die Stimmung war gut. Hier und da sah ich zumeist junge Kameraden, die mit ihren Mobiltelefonen die Lieben daheim zu erreichen versuchten, in dem Augenblick da die letzten verbleibenden Sekunden des verfließenden Jahres lauthals runtergezählt wurden. Die „Millennium

Bar“ liegt recht weit oben im Feldlager. Von der nur wenige Meter entfernten „Blauen Residenz“ hat man einen schönen Überblick über Prizren. Noch während wir laut die letzten Sekunden runterzählten, jagten bereits erste Feuerwerksraketen himmelwärts und tauchten den klaren, nächtlichen Sternenhimmel in die verschiedensten Farben. Es waren aber nur wenige Raketen und andere Feuerwerkskörper, die gezündet wurden. Dafür jedoch erhob sich allerorten in der Stadt ein Gebell, wie aus dem Schlunde hunderter Höllenhunde, hallten zahllose Feuerstöße durch den Äther, erfüllte ein gewaltiges Donnern und Blitzen die Nacht. Wohin ich schaute und horchte wurde mit Kalaschnikows und wer weiß was noch für Waffen blind ins finstere Dunkel gefeuert. Es war in der Tat eine sehr eigene Neujahrsbegrüßung.

In unserer Nähe zündeten die Fernmelder einige bengalische Feuer. Nachdem diese ausgebrannt waren und auch das Kalaschnikowfeuer zunehmend abebbte, begaben sich die meisten zurück in die Betreuungseinrichtungen, um den Abend ausklingen zu lassen. Wo ich hinschaute fielen sich junge und alte Männer und die wenigen Frauen gegenseitig in die Arme, mancher beließ es auch nur bei einem Handschlag. Überall jedoch erklang der helle Ruf: „Ein frohes und gesundes neues Jahr!“

Die Euroeinführung in Kosova

Am Abend des 11. Dezember rollte ein 10-Tonner, geleitet von zwei Fuchspanzern, vor jenes Stabsgebäude, in dem auch unsere Abteilung untergebracht ist. Im Erdgeschoss herrschte rege Betriebsamkeit. Die Ankunft des Transportes aus Skopje wurde mit Spannung erwartet. Der Konvoi hielt und die Heckklappen öffneten sich. Bereitstehende Soldaten schickten sich an, mit Hilfe eines Gabelstaplers, die Metallboxen aus den Fahrzeugen zu hieven. Es war eine gewaltige Kraftanstrengung. Feldjäger und Personal der Zahlstelle überwachten alles ganz genau.

Nachdem sämtliche Kisten entladen und nahe des Eingangsbereiches aufgestellt worden waren, wurde die erste behutsam geöffnet. Zum Vorschein kamen Geldrollen, die zu mehreren mit Folie zusammengeschweißt waren. An den Seiten konnte ich die Geldstücke erkennen, welche gülden im fahlen Laternenlichte glänzten. Beim genaueren hinschauen erkannte ich ganz deutlich, dass es sich um einen wahrhaft historischen Geldtransport handelte, denn was dieser geladen hatte, war nichts geringeres als Anteile des neuen europäischen Bargeldes.

Nach und nach wurden alle Metallboxen entladen und der wertvolle Inhalt sorgsam per Menschenkette, von den Feldjägern und Rechnungsführern überwacht, in den Tresor der Zahlstelle eingelagert.

Am 27. Dezember konnte man letztmalig gegen Schecks Deutsche Mark bekommen. Nur vier Tage später, am Neujahrstag, wurde dann zum ersten Mal das sogenannte „Buschgeld“, die Aufwandsvergütung (AVG), in Euro ausgezahlt. Gleichzeitig konnte man in der Zahlstelle gegen Vorlage des Truppenausweises und der ID-Card seine Bargeldbestände umtauschen. Mit dem 1. Januar 2002 wurde im Feldlager Prizren die Deutsche Mark abgeschafft, von nun an war der Euro das einzige gültige Zahlungsmittel. Innerhalb der ersten vierzehn Januartage konnte man noch D-Mark-Bestände bei der Zahlstelle wechseln, in den ersten drei Tagen durchgehend von 8 bis 20 Uhr, danach im Rahmen der üblichen Öffnungszeiten.

Auch die Bevölkerung Kosovas erhielt zum 1. Januar 2002 den Euro als neues Zahlungsmittel; nominell ist aber weiterhin der jugoslawische Dinar Landeswährung.

Mit der Entscheidung, die D-Mark offiziell in den kosovarischen Zahlungsverkehr einzuführen, waren durch die UNMIK bereits im August 1999 die Weichen für die spätere Euroeinführung gestellt worden. Da Kosova jedoch kein Währungsabkommen mit der Europäischen Union geschlossen hat, waren die Behörden vor Ort hinsichtlich der Bargeldeinführung organisatorisch weitestgehend auf sich allein gestellt. Von der UNMIK war deshalb die „Banking and Payment Authority of Kosova“ (BPK) eingerichtet worden. Diese nahm und nimmt die Funktionen einer so nicht existierenden Zentralbank wahr. Etwa vier Monate vor der Euroeinführung begann die Versorgung der BPK mit Euro-Bargeld durch die europäischen Landes- und Zentralbanken.

Starter-Kits, wie sie in den EU-Staaten ausgegeben wurden, gab es in Kosova nicht. Die BPK behalf sich mit erläuternden Faltblättern, Plakaten und Postwurfsendungen, um die Bevölkerung mit dem neuen Bargeld bekannt zu machen. Diese wurden in allen Regionen Kosovas verteilt, auch in den Serbenenklaven - und zwar in serbischer Übersetzung.

Auch von Seiten der deutschen KFOR wurde eine unterstützende Kampagne zur Euroeinführung durchgeführt. Zuständig dafür war unser Bereich, die „Operative Information". Durch Artikel in der „Dritarja" und Radiobeiträge wiesen wir die Bevölkerung im deutschen Sektor (AOR) auf die Merkmale der neuen Währung und die Umstellungsmodalitäten hin. Schließlich rundeten wir die Kampagne mit schwarz-rot-gold unterlegten Aufklebern ab, die auf allen Bundeswehrfahrzeugen im Einsatzgebiet angebracht wurden. Darauf war zu lesen: „Edhe ne paguajmë me Euro KFOR-i (Auch wir zahlen mit Euro KFOR)".

In der Silvesternacht wurden schließlich alle Kontensysteme und jeglicher bargeldloser Verkehr automatisch von D-Mark auf Euro umgestellt, das betraf auch die Zahlung von Löhnen und Gehältern. Bargeldsummen bis 10.000 D-Mark konnten zunächst bei den Filialen der BPK und anderen Banken sowie bei speziell gekennzeichneten Umtauschstellen getauscht werden. Die entsprechenden Filialen waren im Vorfeld durch die BPK mit Bargeld ausgestattet worden; im Dezember verkehrten diverse Euro-Transporte auch im deutschen Sektor.

Anders als in den EU-Staaten galt die Übergangsfrist, in der sowohl die D-Mark als auch der Euro als Zahlungsmittel benutzt werden durften, nur vom 1. Januar bis zum 28. Februar 2002. Danach verlor die D-Mark ihre Gültigkeit. Trotz erheblicher Umstellungsschwierigkeiten wurde diese Regelung tatsächlich durchgesetzt.

Probleme bei der Umstellung stellten sich sehr rasch ein. Die Banken hatten offensichtlich nicht ausreichende Mengen an Euro-Bargeld geordert. Dadurch kam es regional zu empfindlichen Versorgungsengpässen. Viele Händler versuchten zudem, ihre D-Mark-Bestände nicht nur bei den Banken, sondern auch bei ihren Kunden zu konvertieren. Wer mit Euro bezahlte, der bekam nicht selten sein Wechselgeld in D-Mark zurück. Das erregte großen Unmut und führte mancherorts zu heftigen Auseinandersetzungen.

Zeitweise sah es so aus, als ob die Umstellung bis zum 28. Februar nicht abgeschlossen werden könnte. Eine Verlängerung der Frist wurde gefordert, aber nicht gewährt. Erst unter diesem Druck gelang schließlich noch ein weitestgehend kompletter Umtausch der Zahlungsmittel, trotz der anfänglichen Schwierigkeiten.

Inzwischen wird in Kosova ausschließlich der Euro benutzt. Für viele Kosovaren symbolisiert er einen weiteren Schritt hin zu einem unabhängigen Kosova – als zukünftigem Bestandteil der Europäischen Union. Wie diese Hoffnungen zu bewerten sind wird die Zukunft zeigen. Es sei an dieser Stelle aber noch einmal darauf verwiesen, dass weiterhin nominell der jugoslawische Dinar Landeswährung ist.

Smogalarm

Mittags fing es an, mittags braute es sich zusammen. Nur wenige Stunden zuvor war der Himmel noch fast wolkenlos, sandte vom saphirblauen Firmament die feurige Sonne ihre wärmenden Strahlen auf die Erde hinab und erweckte auch Prizren mit ihrer lebendigen Kraft, durchbrach das frostige Dunkel der Nacht und reflektierte sich millionenfach in den feinen Eiskristallen der verschneiten Landschaft. Die schneebedeckten Gipfel der markanten Berge, des Pashtrik im Westen, des Koritnik im Südwesten und etwas nördlicher die gewaltigen, schroffen Spitzen der Albanischen Alpen, leuchteten im morgendlichen Sonnenspiel und offenbarten einmal mehr die natürliche, balkanische Schönheit der Region.

Um die Mittagszeit jedoch begann eine diesige Wolke Prizren mehr und mehr zu verhüllen. Bald schon überwölbte eine große Dunstglocke die Stadt, waberte über das Feldlager, verdrängte die herrliche Frische der Luft, raubte das Sonnenlicht und verschluckte schließlich das Antlitz der leuchtenden Berggipfel, begrub alles Leben unter sich. Es war der berüchtigte Smog, der Prizren heimsuchte an diesem ersten Feiertag des orthodoxen Weihnachtsfestes (nach dem Gregorianischen Kalender der 7. Januar 2002).

Es passiert immer wieder, dass der beißende Geruch brennender Müllhalden außerhalb Prizrens die Stadt und das Feldlager überschwemmt, und zwar stets dann, wenn der Wind ungünstige Wendungen nimmt und die Giftwolken von den hin und wieder lodernden, immerzu jedoch schwelenden Müllhalden in diese Richtung trägt. Doch für den Smog sind nicht allein diese Umstände verantwortlich. Hinzu kommen der tägliche Autoverkehr, der sich behäbig durch Prizren wälzt und welcher aus Tausenden Rohren reichlich Schadstoffe in die Luft bläst, der allerorten brennende und schwelende Müll, ob in Containern oder offen auf der Straße verstreut, und nicht zuletzt die Abgase der lärmenden Generatoren, sobald wieder irgendwo in der Stadt der Strom ausgefallen ist – und der Strom fällt recht häufig aus.

Doch Prizren ist in dieser Hinsicht kein Einzelfall in der Region. Am schlimmsten betroffen ist wohl die Hauptstadt Prishtinë, in deren unmittelbarer Nähe sich die beiden einzigen Stromkraftwerke Kosovas befinden. Das ältere der beiden ist aus den 50er Jahren und eine wahrhafte Dreckschleuder. Die Ascheberge, die sich rundherum auftürmen, sind nur ein Hinweis für die massive Umweltverschmutzung. Hält man die Nase einmal in den Wind, dann riecht man, egal, wie verschnupft man auch sein mag, in welcher Heftigkeit dort Luftverschmutzung stattfindet. Neue Filter, die hin und wieder eingebaut werden, halten der Partikelflut der verbrennenden, jungen Braunkohle nicht lange stand. Lodernder Müll, Autoabgase und die Stromgeneratoren tun ihr übriges. Prishtinë ist eine der luftverschmutztesten Städte in Europa.

In Prizren allerdings war es das erste Mal an diesem 7. Januar 2002, dass mir das Atmen wirklich schwer viel. Ein kurzer Gang zur Wäschekammer, ein Stück nur die Anhöhe hinauf, brachte mich schon regelrecht in Atemnot. Die Sicht war schlecht und meine Augen fingen an zu brennen. Husten stellte sich ein, heftige Anfälle bisweilen, der typische „Feldlager-Husten“. In jedem Einsatzkontingent gibt es Soldaten, die mit Atemwegserkrankungen in die Heimat zurückkehren. Wen wundert es, bei dieser Luft? Und es war noch Winter, man stelle sich die gleichen Verhältnisse im Sommer vor, bei bis zu 40°C! Nach und nach drang der Smog auch in die Gebäude ein. Selbst der Flur war etwas neblig. Zumindest ließen meine angegriffenen, getrübten Augen diesen so erscheinen. Und viele Raucher, als hätten sie ihre Tagesdosis an Schadstoffen nicht längst schon inhaliert, qualmten noch fröhlich weiter. Auch wenn sich während der Nacht der Smog zum Teil verflüchtigte, an einen erholsamen Schlaf war nicht zu denken.

„Sechs Monate in Kosova sind für die Lunge wie fünfzehn Jahre Rauchen“, kommentierte ein Kamerad die Situation. Auf jeden Fall sind der Smog und überhaupt die stark verschmutzte Luft ein zentrales Problem in der Region, das in absehbarer Zeit wohl kaum zu lösen ist.

Höllenhunde

Im Vorfeld meines Einsatzes wurde mir viel erzählt über die Situation, die ich in Kosova vorfinden würde. Immer wieder waren auch Geschichten über wilde Hunde dabei, die in Rudeln durch das Land streiften, die Menschen bisweilen anfallen würden und allgemein eine große Plage wären.

Diese Situation hat sich gegenüber den ersten Monaten der KFOR-Mission sogar noch verschlimmert. Bis Anfang 2001 unterhielten die verschiedenen „Task Forces“ Jagdkommandos , die regelmäßig wilde Hunde schossen. Auch viele Gemeinden unterstützten die Dezimierungen. Von Seiten einiger internationaler Umweltschützer kamen jedoch Beschwerden über die Tötungen, so dass diese schließlich im Frühjahr vergangenen Jahres eingestellt wurden. Die Tiere vermehren sich seitdem sehr schnell. Häufig vermischen sie sich mit Wölfen, die ebenfalls in großer Zahl auftreten, vor allem in den bergigen Regionen Kosovas. Nicht selten trifft man Hundemeuten, die mehr als 100 Tiere umfassen. Sie leben aus dem Land, das sie durchstreifen. Manche Bauernhöfe werden regelrecht überfallen. Schafe, Schweine, Ziegen und anderes Vieh wird gerissen. Viele Bauern sind schon durch die Hundeplage ihrer Lebensgrundlage beraubt worden, entsprechend groß ist ihr Zorn. Aber auch die Fauna leidet unter den hungrigen, streunenden Meuten, die Vegetation nicht minder. Bisweilen kommt es sogar zu Kannibalismus. Besonders im Winter, wenn die Nahrung rar ist, fressen sich die Tiere gegenseitig auf.

Im südlichen Teil Kosovas, dem deutschen AOR, ist besonders die Region um Dragash stark betroffen. Wölfe und wilde Hunde richten dort enorme Schäden an.

Ich selbst habe am Duhël-Pass einmal ein Rudel wilder Hunde gesehen, bestehend aus etwa zwei Dutzend Tieren. Sie machten schon einen ungeheuren Eindruck auf mich und meine Kameraden; zu Fuß hätte ich ihnen wahrlich nicht begegnen wollen. Auch in der Umgebung des Feldlagers Prizren streunen vor allem abends viele Tiere umher. Fast in jeder Nacht höre ich das Bellen und Jaulen Dutzender Hunde, denen es bisweilen sogar gelingt, in das Lager einzudringen.

Es gibt jedoch noch weitere Tierarten, die in einigen Gebieten Kosovas zur Plage geworden sind. In der Umgebung von Rahovec etwa treten immer wieder große Wildschweinherden auf, die schwere Schäden anrichten. Prishtinë insbesondere kämpft mit einer wachsenden Zahl aggressiver Raben.

Inzwischen haben sich in vielen Gemeinden Jagdvereine gegründet, deren Mitglieder in Absprache mit der UNMIK-Polizei Hunde, Wildschweine und Wölfe jagen dürfen. Sie müssen sich dafür an den örtlichen Polizeichef wenden. Dieser registriert die an einer Jagd teilnehmenden Personen und überprüft ihre Waffen. Vertreter der Polizei überwachen diese Jagden sehr genau. Sie wachen darüber, dass die festgelegten Zeiträume und die vereinbarten Abschusspläne (nur bei Wildschweinen) eingehalten werden.

Die Kadaver der getöteten Hunde und Wölfe werden in der Regel gesammelt und anschließend verbrannt. Das Fleisch von Wildschweinen hingegen wird häufig an die eigenen Haustiere verfüttert oder selbst verzehrt, insofern der Jäger kein streng gläubiger Moslem ist.

Neben Jagden und Kannibalismus werden etliche Tiere auch durch Minen getötet, andere verhungern, werden überfahren oder durch Epidemien dahingerafft.

Wilde Hunde treten nicht nur in Meuten auf dem Lande, sondern auch in kleineren Rudeln innerhalb von Städten auf. Es kommt nicht selten vor, dass Kinder und Erwachsene angefallen werden und zum Teil schwere Bissverletzungen davontragen. Auch KFOR-Soldaten bleiben nicht verschont. Deshalb dürfen angreifende wilde Hunde sofort erschossen werden. Da sich die streunenden Tiere teilweise von herumliegenden Abfällen ernähren (und in der Folge oftmals erkranken), können sie auch zu Krankheitsüberträgern werden. Der Biss, unter Umständen nur das Berühren eines wilden Hundes kann sehr unangenehme Krankheiten nach sich ziehen.

Tote Hunde am Straßenrand, meist an- oder überfahren, sehe ich des Öfteren und das in nicht geringer Anzahl. Besonders eingeprägt hat sich mir ein Kadaver, der mitten auf einer Seitenstraße in der Altstadt von Prizren lag. Offensichtlich schien sich niemand daran zu stören. Die Menschen, die dort waren, beachteten den leblosen Körper kaum, räumten ihn nicht einmal an den Straßenrand. In Prizren selbst sind mir bisher aber nur wenige tote Hunde aufgefallen, an einigen Ausfallstraßen stellt sich das schon etwas anders dar. Die Gegend um Prishtinë ist allerdings noch schlimmer betroffen. Am Rande der Straßen, die in die Stadt hineinführen, liegen immer tote Hunde. Einige Kadaver sind auch angefressen und teilweise verwest, liegen demnach schon längere Zeit dort, ohne dass sie jemand weggeräumt hätte.

Es ist schwierig zu sagen, wann Kosova diese Probleme endgültig lösen kann, aber es wird wahrscheinlich noch sehr viel Zeit brauchen.

Vom „Amselfelder“ und anderen Weinen

Weinanbau hat im ehemaligen Jugoslawien eine lange Tradition, es gilt als eines der ältesten Weinbaugebiete Europas. Erste Reben brachten bereits die Phönizier um 1200 v. Chr. aus ihrem Stammland Libanon und ihren Kolonien Zypern und Kreta mit, Griechen und Römer entwickelten die Weinkultur weiter. Die osmanische Herrschaft in weiten Teilen der Region ab dem 14. Jahrhundert beeinträchtigte diese zwar aufgrund des islamischen Weinverbotes stark, zerstörte sie aber nicht. Vor allem in der Zeit nach dem Ersten Weltkrieg erlebte die Weinkultur dann eine neue Blüte.

Die qualitativ und quantitativ besten Anbaugebiete befinden sich in Slowenien, Kroatien und Mazedonien.

Besonders gute Rotweine kommen auch aus Kosova. Heute ist die bis 1999 serbisch kontrollierte Produktion fest in kosovo-albanischer Hand und der in den letzten Jahren durch die politischen Umbrüche nach und nach zusammengebrochene Außenhandel wird neu belebt. Inzwischen wurden Verträge mit Firmen aus Japan und Deutschland ausgehandelt.

Über Jahrzehnte hatte eine Firma aus Bingen am Rhein jährlich zwanzig bis dreißig Millionen Liter Wein importiert und vertrieben, den sogenannten „Amselfelder“. Anfang der 90er Jahre jedoch wurde der Handel durch die Balkankriege und die sich zuspitzende Situation in Kosova jäh unterbrochen. Im Jahr 2000 sind nun neue Handelsverträge abgeschlossen worden. Seitdem werden 1,5 Millionen Liter Wien jährlich importiert. Nach einer Frist von fünf Jahren sollen die Importe dann auf fünf Millionen Liter pro Jahr angehoben werden.

Zur Zeit gibt es vier Weinfabriken in den Ortschaften Rahovec, Suharekë, Krushë e Vogël und Gjakovë. Sie alle produzieren überwiegend Rotwein, außerdem Weißwein und einen traditionellen Schnaps, den Raki. Die Weine sind in der Regel trocken. Produkte, wie etwa der „Amselfelder", die einen eher lieblichen Geschmack haben, erlangen diesen durch das Süßen mit Most. Der in Kosova sehr begehrte Raki wird aus Kelterrückständen hergestellt, dem sogenannten Treber, und ausschließlich vor Ort vertrieben.

Die genossenschaftliche Weinfabrik „NBI Rahoveci" in Rahovec ist die mit Abstand größte der oben aufgeführten. Sie hat eine Lagerkapazität von etwa 35 Millionen Litern. Im Jahr 2001 hat sie erstmals nach dem Krieg wieder einige Millionen Liter Wein produziert. Auch wenn die Produktionsrate der Vorkriegszeit längst nicht erreicht wurde, ist es ein verheißungsvoller Anfang. Deutsche KFOR-Kräfte waren an der Wiederaufnahme der Produktion beteiligt, halfen mit Material und Manneskraft, wo Hilfe von Nöten war.

In meinen ersten Tagen in Kosova Anfang November war ich im Rahmen einer Feierlichkeit in der Weinfabrik und konnte mir einen Eindruck von ihrer gewaltigen Größe verschaffen. Sie liegt an einem Hang, umgeben von Weinbergen, an der Straße zwischen Xërxë und Rahovec. Von außen erkennt man neben den Verwaltungsgebäuden vor allem die großen, metallenen Hochtanks, die recht weit oben am Hang liegen. Zwei weitere, zugehörige Produktionsstätten finden sich entlang des nahen Flusses Stara Rekë, inmitten der Weinberge.

Als besonders reizvoll habe ich den Weinkeller in Erinnerung, der tief in den Hang hinein reicht. Dort lagern und reifen in großen Eichenfässern zigtausend Liter Rebensaft aus den vergangenen Jahren. Es war mir auch vergönnt in den Genuss einer Weinprobe zu kommen, die mich erstmals mit diesen wirklich sehr schmackhaften Trünken der Region bekannt machte. Es war zwar nicht der liebliche „Amselfelder“, den man mir anbot, aber ein trockener, wohlschmeckender Weißwein; der Rote, welcher dann folgte, war mir allerdings schon zu trocken. Zu den guten Tropfen wurden Schinken, Brot und Käse gereicht. Der Leiter der Fabrik erklärte einiges zu seinen Produkten und erzählte aus der Geschichte seines Betriebes, vornehmlich der jüngsten Zeitgeschichte. Währenddessen führte er uns durch die Produktionsräume, vorbei an den gekachelten Weinspeichern bis hin zu den erwähnten Hochtanks am Hang.

Mitte Januar 2002 brannte ein Teil der historischen Gebäude der Weinfabrik ab (diese lagen in einem anderen Gebiet von Rahovec). Sie waren im Gründungsjahr der Fabrik, 1953, von der Bevölkerung errichtet worden. Der Brand vernichtete darüber hinaus etwa 50.000 Liter Wein. Am Wiederaufbau wird gearbeitet, die Produktion ist zum Glück nicht beeinflusst.

Die Eindrücke, die ich von der Fabrik und ihren Produkten bekommen habe, sind sehr positiv. Ich werde mit Sicherheit den ein oder anderen „Amselfelder“ daheim genießen, während ich gedanklich durch die Hallen der Fabrik mit all ihren großen Eichenfässern und Produktionsstätten schweife. Es bleibt zu hoffen, dass sich auch die Weinproduktion in Kosova weiter erholt und eine neue Blüte erfährt.

Türkisches Theater in Prizren

Im Jahre 1935 wurde in Prizren eine türkische Künstlergruppe gegründet. Zunächst führte diese vor allem Theaterstücke örtlicher türkischer Künstler auf. Sehr bald jedoch wurde das Repertoire erweitert und Stücke anderer Künstler aus aller Welt wurden aufgeführt. Heute gehören dazu auch die theatralische Interpretation von Romanen und eigene Bühnenspiele.

Nafiz Gürcüali ist die „gute Seele“ der türkischen Theatergruppe, die inzwischen seinen Namen trägt. Das ist der Dank für seine gut dreißigjährige Tätigkeit als ehrenamtlicher Regisseur und Schauspieler. Eigentlich betreut er insgesamt drei verschiedene Gruppen, nämlich die der Kinder von 9-14 Jahren, die der Jugendlichen von 15-18 Jahren und ferner die der Erwachsenen ab 19 Jahren.

Als 1968 das Kulturhaus in Prizren eröffnet wurde, begab sich auch die türkische Theatertruppe unter ihr Dach. Die größeren Räume boten bessere Möglichkeiten zum Üben und Einstudieren neuer Stücke. Darüber hinaus waren die Räumlichkeiten auch für öffentliche Aufführungen geeignet.

Das Kulturhaus engagierte Ende der 70er Jahre einen professionellen Regisseur, der dem türkischen Theater zu mehr Professionalität verhalf. In den 80er Jahren gewann die Erwachsenengruppe daraufhin diverse Auszeichnungen und Wettbewerbe in Kosova und Ex-Jugoslawien, darunter mehrfach die „Goldene Maske“ für die beste Leistung in verschiedenen Kategorien. Seit 1990 treten die Jugend- und die Erwachsenengruppe auch im Ausland auf. Sie begeisterten bereits auf diversen Festivals in Deutschland, Italien, Kanada, Holland und sogar Bangladesch. In der Türkei hatte auch die Kindergruppe schon sehr erfolgreiche Auftritte.

Eine jährlich neu gewählte, sechsköpfige Kommission entscheidet darüber, welche der vorgeschlagenen Stücke einstudiert werden. Häufig ist jedoch nicht das Interesse maßgebend, sondern der Geldbeutel bestimmt, ob ein Stück aufgeführt werden kann oder nicht. Ohne das hohe persönliche Engagement könnte das Ensemble gar nicht bestehen. Aufgrund der unzureichenden finanziellen Mittel ist es im Wesentlichen auf Spenden angewiesen.

Der 1994 in Prizren gegründete türkische Künstlerverein „Rumeli“ vermittelt, hilft und organisiert Festivals vor Ort und im Ausland. Neben einigen Schauspielern aus der Theatergruppe sind unter den 140 Mitgliedern auch Komponisten, Schriftsteller, Szenographen und andere Künstler. Der Verein arbeitet mit allen anderen Kulturvereinen in Prizren eng zusammen.

Es sind zwar nicht alle Schauspieler der türkischen Theatertruppe im Verein „Rumeli“, aber viele Mitglieder unterstützen ihre Arbeit. Nicht selten helfen etwa die Schriftsteller beim Erstellen der Theatertexte oder kreieren die Komponisten untermalende Musik zu den Stücken. Das Ergebnis ist jedenfalls bemerkenswert und unbedingt sehenswert.

Ich habe im Rahmen einer Recherche Eindrücke von der Darstellungskunst der Jugendlichen gewinnen können und war sehr angetan. Die Theaterformation überzeugte mich besonders mit ihren Tanzeinlagen. Es waren zwei Jungs dabei, die wirklich phantastisch tanzen konnten! Was mir jedoch am besten gefallen hat, war die große Freude der Jugendlichen am Schauspielern. Es war deutlich zu spüren, mit wie viel Herz jeder Einzelne dabei war, mit wie viel Engagement alle an dem Stück mitwirkten. Es waren diese Freude und Begeisterung der Jugendlichen bei ihrem Schauspiel, die mich dermaßen fasziniert und selbst begeistert haben.

So ungünstig die Rahmenbedingungen auch sein mögen, die feurigen Herzen dieser Jungen und Mädchen gleichen diese allemal aus. Es gelingt ihnen vortrefflich das Publikum zu verzaubern. Möge ihnen dieses Feuer erhalten bleiben.

Fünf Engel in Kosova

Im Truppenkino herrschte schon den ganzen Morgen rege Betriebsamkeit. Das große Zelt, wo sonst regelmäßig neuere Kinofilme präsentiert werden, wurde im Innern für ein ganz besonderes Ereignis umgebaut. Die populäre Band „No Angels“ hatte sich angekündigt. Eigentlich hätte das Konzert schon vor Weihnachten stattfinden sollen, war dann jedoch kurzfristig auf den 22. Januar 2002 verschoben worden.

Den ganzen Vormittag über herrschte reger Flugbetrieb. Doch keiner der zahlreichen Helikopter hatte die sehnsüchtig erwarteten Mädels an Bord.

Das Konzert sollte am frühen Nachmittag beginnen. Der Termin verschob sich jedoch um gut eine Stunde auf etwa 14.30 Uhr. Aufgrund der Wetterlage am Abflugort Penzing war es offensichtlich zu Verzögerungen im Flugverkehr gekommen.

Der Stimmung tat das jedoch keinen Abbruch. Viele Kameraden hatten dem Ereignis mit Spannung entgegen gefiebert, auch wenn nur relativ wenige eine der heiß begehrten Eintrittskarten hatten bekommen können.

Unser Stabsgebäude ist auf einer Seite hin der Hauptstraße zugeneigt und liegt unterhalb des Truppenkinos. Ich begab mich zu einigen Kameraden auf den Balkon. Es mag etwa 14 Uhr gewesen sein, jedenfalls gerade noch rechtzeitig.

Plötzlich kamen verschiedene Fahrzeuge vom Helikopterlandeplatz die Straße hinauf gefahren, auch einige Fuchspanzer waren dabei. In irgendeinem dieser Fahrzeuge waren sie, die sehnsüchtig erwarteten Mädels. Aus einem VW-Bus winkten uns Zivilisten zu. Waren *sie* es, oder waren es vielleicht doch nur begleitende Journalisten, Techniker oder wer auch immer. Ich konnte nichts erkennen, die Sonne blendete mich, und meinen Kameraden ging es nicht anders.

Jeder hatte Bilder von der Fahrzeugkolonne gemacht. Auch die Menschentraube vor dem Eingang des Kinozeltes war ein beliebtes Motiv. Ich zoomte sie mit meinem 200er-Objektiv heran. Nur ein Baum störte mich bei der Aufnahme, da er einen Teil der Szenerie verdeckte.

Kurz darauf war es endlich soweit. Die Eingangspforten des Truppenkinos und der „Millennium Bar", in der das Ereignis live auf einer Großleinwand übertragen werden sollte, öffneten sich und Hunderte junger Männer drängten hinein. Die Abwechslung vom Feldlageralltag war höchst willkommen, zumal fünf attraktive Mädels auftraten, die nicht nur populäre Musik, sondern auch eine gute Show versprachen.

In goldglitzernden Kleidern bahnten sie sich ihren Weg durch das Feldjägerspalier.

Wir auf dem Balkon waren inzwischen zu einem Grüppchen von nur vier Mann zusammengeschrumpft, als plötzlich lauter Jubel an unsere Ohren drang und den Beginn der Veranstaltung ankündigte. Musik erklang und bald darauf wurde ein vertrautes Lied angestimmt. Die „No Angels" eröffneten das Konzert mit ihrem Hit „There must be an angel".

Etwa 40 Minuten lang heizten die Mädels den jungen Soldaten ein. Klatschen und Gejohle zeugten von der begeisterten Atmosphäre.

Ich setzte mich bald wieder in die Redaktion und arbeitete weiter. Vorher öffnete ich noch das Fenster, um wenigstens von der Musik ein wenig mitzubekommen. Ich bin zwar kein unbedingter Fan der „No Angels“, hatte mich deshalb auch um Eintrittskarten nicht bemüht, aber ein solches Ereignis war eben nicht alltäglich. Schon gar nicht im Feldlager Prizren.

Ich entschloss mich kurz darauf mit dem Hochschulradio in Düsseldorf Verbindung aufzunehmen, für das ich regelmäßig Beiträge aus Kosova liefere, und die günstige Gelegenheit zu nutzen, auch über das aktuelle Konzert zu berichten. Ich hatte vorsorglich meine Kameraausrüstung zum Betreuungstelefon mitgenommen. Nachdem das Interview abgeschlossen war, eilte ich zum Landeplatz mit der Hoffnung, vom Abflug der „No Angels“ noch einige Photos machen zu können.

Ich hatte Glück. Die letzten Meter im Laufschritt durch den Schnee waren zwar anstrengend, aber lohnenswert. Ich war nicht der einzige, der am Helikopterlandeplatz auf die fünf Mädels wartete.

Die Fahrzeugkolonne mit der Band war bereits eingetroffen und als ich meine Kamera aus der Tasche holte, war es beinahe zu spät. Ich hatte sie gerade noch rechtzeitig parat, um einige Photos von den Sängerinnen machen zu können. Eine von ihnen wendete sich den zum Helikopter stürzenden Kameraden noch einmal zu und bedankte sich für den herzlichen Empfang im Feldlager.

Sofort schickte das Bodenpersonal alle wieder zurück. Die Einstiegsluke wurde geschlossen und die mächtigen Rotorblätter des Transporthubschraubers CH-53 begannen sich immer schneller zu drehen. Ein Stück weit den Hang hinauf standen einige Kameraden und zückten Taschentücher, winkten den „No Angels“ hinterher. Der große Hubschrauber hob ab und ehe ich noch ein Photo davon machen konnte, schlug mir ein gewaltiger Windstoß ins Gesicht. Alle um mich herum wendeten sich schlagartig ab. Ich riss die Kamera nach oben und mir gelang wenigstens ein Photo des über unsere Köpfe fliegenden Helikopters, dann entschwand er langsam unseren Blicken.

Im Nachhinein erfuhr ich noch eine amüsante Anekdote. Im Verlauf des Konzertes war einem der Mädels der Träger ihres Kleides gerissen und für einen Augenblick offenbarte sich ihre nackte Brust. Was für Reaktionen so etwas bei jungen Männern auslöst, die seit vielen Wochen jeder sexuellen Beziehung entbehren, bedarf wohl keiner weiteren Ausführungen.

Zu Fuß durch Prizren

Bristol angezogen, Helm daran geschnallt und die Waffe teilgeladen – so verlasse ich stets das Lager, wenn ich ohne Fahrzeug in Prizren unterwegs bin. Die etwa zwanzig Kilo zusätzliches Gewicht der Splitterschutzweste und des Gefechtshelmes lasten schwer auf den Schultern.

Es ist ein sonniger Tag Ende Januar. Gegen Mittag verlasse ich mit einem weiteren Kameraden das Feldlager und gehe stadteinwärts. Das Lager liegt am Ortsausgang, an der Straße in Richtung Suharekë. Der Weg in die Innenstadt beträgt aber nur wenige hundert Meter. Das erste Stück dieses Weges ist nicht befestigt und somit wegen der Schneeschmelze äußerst matschig.

Wir kommen zunächst vorbei an einer Tankstelle, dem Jugendzentrum und der Sporthalle, die inzwischen auch von der KFOR genutzt wird. Gegenüber der Sporthalle, auf der rechten Straßenseite, befindet sich ein Platz, auf dem regelmäßig Holz zugeschnitten wird. Ziemlich abenteuerlich wirkende, selbst gebaute ‚Fahrzeuge' stehen dort zuhauf. Sie sind aus alten Autoteilen zusammengeschweißt, haben keinerlei Verkleidung und Abdeckung, aber dafür hinten offen eine große Kreissäge. Mit dieser wird das von zahlreichen LKWs gelieferte Material zu Brennholz zersägt. Meist stehen diese speziellen Dienstleister mehrere Stunden dort und bedienen ihre Kundschaft, die von dem Angebot regen Gebrauch macht. Am späten Nachmittag tuckern sie dann nach und nach mit ihren ‚Fahrzeugen' heimwärts.

Kurz hinter der Sporthalle beginnt die Hauptstraße, benannt nach dem UÇK-Helden Adem Jashari. Dieser folgen wir in Richtung Altstadt. Wir gehen vorbei an Geschäften mit bekannten Namen, wie etwa der Schweizer Supermarktkette „Migros" oder „Aldimarket". Diese Bezeichnungen werden allerdings nur zu ‚Marketingzwecken' benutzt, mit den gleichnamigen Konzernen besteht sonst keine Verbindung.

Auf dem Gehsteig, der nun beginnt, lärmen die Generatoren. Der Strom ist wieder einmal ausgefallen. Zwischen den verschiedenen Läden finden sich einige Fleischereien, die in ihren Schaufenstern gehäutete und ausgenommene Schafe, Kuhhälften und anderes Fleisch aushängen. Bei direkter Sonneneinstrahlung wird all dies durch Wasser, das die Scheibe hinunter läuft, gekühlt, wie auch immer das genau funktionieren mag.

Wir haben den Auftrag eine Umfrage für die „Dritarja" durchzuführen. Bei Umfragen interviewen und photographieren wir verschiedene junge Menschen. Ihre Aussagen werden dann mit Bild und Namen im Magazin veröffentlicht. Ein Sprachmittler ist stets dabei, der den Dialog zwischen den Passanten und uns überhaupt erst möglich macht.

Dieser Teil der Arbeit macht mir immer sehr viel Spaß. Ich bekomme dabei Einblicke in das Geschäftsleben der Stadt und außerdem einen direkten Kontakt zu vielen verschiedenen Menschen. Männer sind meist zugänglicher als Frauen, die sich häufig zieren, verunsichert sind und nicht interviewt werden wollen. Einmal ist es mir im Rahmen einer solchen Umfrage sogar passiert, dass ein Mann das Interview für seine Frau gegeben hat.

Bei dieser Umfrage gehen wir unter anderem in ein Schmuckgeschäft, einen Hochzeitsausstatter und einen traditionellen Hutladen, wo noch in Handarbeit gefertigte Plisa und Synetkostüme verkauft werden. Außerdem schaue ich, wie bei allen Umfragen, kurz bei „Foto Star" vorbei, dem größten Photofachgeschäft in Prizren. Dort laden mich Qazim und Tarik herzlich auf eine Tasse Tee ein.

Einige Stimmen haben wir schon eingefangen, als mir plötzlich auf dem Bürgersteig ein äußerst hübscher Junge auffällt, der eine seltsame Anziehungskraft auf mich ausübt. Er ist schlank und groß, hat tiefschwarzes, dichtes Haar und ein bezauberndes Lächeln. Ich gehe zu ihm hin und interviewe ihn. Seine wundervollen, dunkelbraunen Augen faszinieren mich. Er wohnt in Prizren und ist erst sechzehn Jahre alt, sieht aber etwas reifer aus. Sein Gesicht hat schöne, männliche Züge. Wirklich, er hat eine selten gewordene natürliche Ausstrahlung, die mich auch im Nachhinein noch fasziniert.

Unser weiterer Weg führt uns vorbei am Hammam, dem alten Türkischen Bad aus dem 16. Jahrhundert, hinein in die Altstadt. Wir passieren den KFOR-Checkpoint auf der Hauptbrücke, die über den Lumbardhi führt. Dort stehen täglich Maronenhändler, die ihre frische Ware verkaufen – verpackt in Seiten aus unserem Magazin „Dritarja". Auf Nachfrage erklärt einer von ihnen warum: Dieses Papier ist das beste am Ort. Am Fluss selbst ist eine kleine Promenade, auf der einige Bürger flanieren.

Linker Hand, am Festungsberg, liegt das mit NATO-Stacheldraht und spanischen Reitern abgeriegelte Serbenviertel. Nur eine Hand voll Menschen wohnt dort noch. Viele Häuser sind abgebrannt, verlassen und geplündert. Ende November habe ich dort selbst ein Serbenhaus brennen gesehen, als wir zu später Zeit von einer Recherche ins Feldlager zurückkehrten. Vor dem Krieg war es die beste Wohngegend der Stadt. Hoch oben auf dem Berg thront die türkische Burg Kalaja, die noch bis 1912 türkische Truppen beherbergte. Seitdem ist sie dem Verfall preisgegeben. Die Burgruine aber prägt noch immer das Stadtbild Prizrens. Während des Kosovo-Krieges wurde die exponierte Stellung der Burg von den Serben und anschließend der KFOR genutzt, um dort Scharfschützen zu stationieren.

In der Altstadt sind zahlreiche kleine Cafés. Dort treffen sich am Nachmittag und in den Abendstunden (bis zur Ausgangssperre um Mitternacht) viele Jugendliche. Besonders gut gefällt mir das „U 2“. Dort werden wir von einigen jungen Männern auf einen türkischen Kaffee eingeladen. Ich habe diese Art Kaffee hier in Kosova kennen und schätzen gelernt und nehme das Angebot deshalb gerne an. In der Folge entwickelt sich ein lebhaftes und spannendes Gespräch. Einer der Jugendlichen spricht recht gut deutsch. Er hat einige Jahre in Berlin gelebt und dort als Tänzer gearbeitet. 1999, unmittelbar nach dem NATO-Militärschlag, kehrte er in seine Heimatstadt Prizren zurück, wo er jetzt eine erfolgreiche Breakdance-Formation anführt.

Nach einer guten Weile verabschieden wir uns und setzen unseren Weg durch die Altstadt fort. Wir gehen in Richtung der großen Sinan-Pascha-Moschee, vorbei an der schwer bewachten serbisch-orthodoxen Kirche mit Bischofsresidenz und biegen in eine der zahlreichen Gassen ab. Schließlich komplettiere ich die Umfrage in einem der kleinen Cafés, welche die beiden Seiten der Gasse säumen.

Nach einer kurzen Pause treten wir den Rückweg ins Feldlager an. Füße, Knie und Rücken schmerzen unter der zusätzlichen Last der Bristol und des Helmes. Als wir im Lager ankommen, ist es bereits dunkel. Über drei Stunden sind wir unterwegs gewesen. Etwas müde, aber doch zufrieden mit dem Ergebnis, gehe ich in die Redaktion. Auch mein Kamerad hat die Abwechslung genossen. Es war ein durch und durch erlebnisreicher Tag. Prizren zu Fuß zu erkunden ist jedenfalls um vieles interessanter, als immer nur die Ringstraße entlang zu fahren.

Bei Studenten in Prishtinë

„Prishtinë bringt mir Erinnerungen,
Prishtinë, meine Liebe.“

(Gili, kosovarischer Popstar)

Alles verlief sehr spontan an diesem letzten Mittwoch im Januar.

Morgens war ich mit mehreren Kameraden bei der UNMIK-Pressekonferenz in Prizren. Diese war relativ kurz, dauerte nur etwa eine Stunde. Anschließend gingen wir mit einigen Schweizer Kameraden, die der Presseabteilung der Swisscoy angehören, und dem Pressesprecher der UNMIK vor Ort ins UN-Restaurant. Dieses befindet sich im UNMIK-Gebäude in der obersten Etage. Dort pflegten wir die freundschaftlichen Bande, die wir in den Wochen zuvor untereinander geknüpft hatten.

Am frühen Nachmittag bot sich mir dann die Chance, unseren Schweizer Redakteur Norbert Rütsche auf einer Fahrt nach Prishtinë zu begleiten. Er wollte dort ein Marionettentheater besuchen. Ich hingegen wollte zur Kunstgalerie um einerseits Belegexemplare der aktuellen „Dritarja“ Nr. 19 dort vorbeizubringen. (Für diese Ausgabe habe ich einen Artikel über das deutsch-kosovarische Kunstprojekt „NOW“ geschrieben, an dem die Kunstgalerie beteiligt war.) Andererseits wollte ich mir einen Überblick über neue Projekte der Galerie verschaffen. Allerdings musste ich dieses zu Fuß erledigen, weil der Schweizer Kamerad das Fahrzeug benötigte.

Da sich Soldaten in Kosova nicht alleine bewegen dürfen, bedurfte ich eines weiteren Kameraden zur Begleitung. Nach kurzer Zeit hatte ich einen interessierten Grenadier, Oliver, gefunden, der auch abkömmlich war, so dass wir gegen 13.30 Uhr in Richtung Prishtinë aufbrechen konnten. Unser Team umfasste nun vier Soldaten und einen Sprachmittler. Wir legten noch einen kurzen Zwischenstopp im österreichisch-schweizerischen „Camp Casablanca" in Suharekë ein. Dann fuhren wir über den malerischen Duhël-Pass und die Ortschaften Shtime und Lipjan in die kosovarische Hauptstadt.

Es ist immer wieder schön, über den Hügel zu fahren, über den die Straße in die Stadt hinein führt. Mit einem Male tritt, wie aus dem Nichts, die Silhouette Prishtinës hervor. Nicht dass diese von besonderer Schönheit wäre, nein, aber irgendwie gefällt mir dieser Augenblick, gefällt mir diese Ansicht. Aus der Nähe betrachtet aber erscheinen die aus dem Boden gestampften kommunistischen Blockbauten oftmals grauenhaft. Daran ändern auch die Hunderten Parabolantennen nichts.

Nachdem wir in Prishtinë noch einige Dinge gemeinsam erledigt hatten, vereinbarten wir einen späteren Treffpunkt, wo Oliver und ich uns um 21 Uhr einfinden sollten. Es war ein von KFOR-Kräften gesichertes Areal im Stadtzentrum.

Inzwischen war es kurz vor 17 Uhr. Zum Glück mussten Oliver und ich unsere Bristols und Helme nicht mitführen, wie es in Prizren vorgeschrieben ist, da im Bereich der britisch geführten MNB C (Multinational Brigade Center) ein deutlich niedrigerer Dress-Code angeordnet ist als in der deutsch geführten MNB S (Multinational Brigade South).

In der Nähe des UNMIK-Hauptquartiers im Stadtzentrum stiegen wir aus. Auf dem Weg zur Galerie kamen wir am Nationaltheater, einem internationalen Buchladen und der Skanderbeg-Statue vorbei. Sie ist vor gut zwei Monaten am „Tag der Flagge“ eingeweiht worden. Unser weiterer Weg führte über das „Grand Hotel“, wo wir spontan entschieden, kurz ins oberste Stockwerk hinauf zu fahren und uns Prishtinë einmal von oben anzuschauen. Während des Kosovo-Krieges waren in diesem Hotel die internationalen Journalisten einquartiert.

Ein freundlicher Angestellter begleitete uns mit dem Fahrstuhl in den 13. Stock. Dort war ein Fitnessraum. Durch ein Fenster gelangten wir auf eine Art Terrasse. Ich genoss den herrlichen Ausblick über die kosovarische Hauptstadt, die zu dieser Zeit glücklicherweise Strom hatte. Es war bereits dunkel, und um uns herum strahlten Hunderte Lichter.

Kurz nach 17.30 Uhr erreichten wir schließlich die Kunstgalerie, die sich bereits im Universitätsviertel befindet, unfern des „Grand Hotels“. Leider war sie geschlossen. Daraufhin sprach ich eine Gruppe junger Männer an, die sich in der Nähe aufhielten, und fragte, ob jemand von ihnen bei der Kunstgalerie arbeiten würde. Zum Glück sprach einer der jungen Männer etwas Deutsch, so dass wir uns verständigen konnten. Er verneinte meine Frage und sagte, sie seien alle Studenten.

Da ich selbst Student bin und auch über die Universität Prishtinë einen Artikel zu schreiben gedenke, nutzte ich die Gelegenheit, meinen Einblick in das Studentendasein in Kosova zu vertiefen[*]. Ich fragte ihn, ob es möglich sei, ein Studentenwohnheim anzuschauen. Er selbst wohnte zwar privat, kannte jedoch einen Freund in einem der Wohnheime. Über sein Mobiltelefon (!) rief er diesen Freund an, der gegen einen Besuch nichts einzuwenden hatte.

Unterwegs erzählte der junge Mann, dass er Jetmir heißt, 21 Jahre alt ist und im zweiten Semester Wirtschaftswissenschaften studiert. Als wir an der Mensa vorbeikamen, führte er uns kurz in den gut besuchten Speisesaal, der den Mensen ähnelt, die ich kenne. Jetmir erzählte uns, dass genau hier wenige Monate nach Titos Tod, am 11. März 1981, mehrwöchige Studentenunruhen begonnen hatten, die sich dann auf ganz Kosova ausdehnten.

Anschließend gingen wir zum nahen Unterkunftsgebäude, wo der Freund wohnte. Im Eingangsbereich war ein Wachposten, der unsere Ausweise forderte. Nach kurzen ‚Verhandlungen' ließ er uns aber ohne Hinterlegung von Dokumenten in das Gebäude hinein.

Wir gingen in den zweiten Stock hinauf, traten in einen langen, grün gestrichenen Flur und folgten diesem fast bis zum rechtsseitigen Ende. Dort erwarteten uns bereits mehrere junge Männer, die allesamt Studenten und in diesem Wohnheim untergebracht waren. Sie empfingen uns sehr herzlich.

Wir betraten ein etwa zwölf Quadratmeter großes Zimmer. Im Eingangsbereich war ein weißer Einbauschrank. Davor stellten wir alle unsere Schuhe ab,

---

[*] Dieser Artikel über die Universität Prishtinë ist in der „Dritarja" Nr. 23 erschienen.

um den Teppich im Raum zu schonen. An den Wänden waren diverse Poster vor allem von kosovarischen Popstars aufgehängt. Auch ein Plakat der LDK, das den Vorsitzenden Ibrahim Rugova zeigte, war dabei. Von der Decke baumelte eine nackte Glühbirne. Auf dem einzigen Tisch stand eine Kerze in einer Weinflasche für den Fall, dass der Strom ausfiel.

Uns wurde ein Platz auf einem der beiden Betten angeboten. Es entwickelte sich ein lebhaftes Gespräch, nebenbei lief ein kleiner Schwarzweißfernseher ohne Ton. Zwei junge Männer arbeiteten an einem Computer, der sich neben dem Fernseher auf dem kleinen Tisch befand. Wir unterhielten uns auf Deutsch und Englisch, die Studenten untereinander auf Albanisch. Die Themen variierten zwischen Studienbedingungen, Zukunftsperspektiven und den allgemeinen Lebensumständen in Kosova.

Interessant war für mich besonders die Finanzierung des Studiums. Einer der Studenten erzählte, dass er bei einer Möbelfirma arbeite und etwa 150 Euro im Monat verdiene. Für kosovarische Verhältnisse ist das schon sehr viel Geld. Nur zum Vergleich, ein Universitätsprofessor verdient nur etwa das Doppelte davon. Abgesehen von Nebenjobs unterstützen vor allem die Eltern ihre Kinder finanziell – wenn sie dazu in der Lage sind.

Das Studentenleben wiederum ist relativ teuer. Ein kleines Zimmer im Wohnheim, das sich in der Regel zwei Studenten teilen, und das Mensaessen kosten insgesamt fünfzig Euro im Monat. Die Heizung funktioniert aber nicht, außerdem sind nur Etagenduschen und -toiletten vorhanden. Warmes Wasser zum Duschen gibt es nur an zwei Tagen in der Woche für jeweils zwei Stunden. Die Ausgaben für Bücher liegen bei etwa zehn Euro monatlich. Auch die Nutzung der Bibliotheken kostet unterschiedlich viel Geld, wenngleich die Beträge relativ gering sind. Für alle weiteren Ausgaben konnten sie mir keine Schätzungen nennen. Aber auch kosovarische Jugendliche besuchen abends Diskotheken, kaufen sich Klamotten und gehen ab und zu in Cafés. Das kostet natürlich Geld. Irgendwie, so sagten sie alle, schaffen sie es jeden Monat, über die Runden zu kommen.

Nach einer Weile wurde russischer Tee aufgesetzt, der sehr schmackhaft war. Diesen servierten sie uns auf der Sitzfläche eines Stuhles. Wir blieben gut eine Stunde in dem kleinen Zimmer und ich genoss es, wieder einmal unter Studenten zu sein.

Gegen 19.30 Uhr verabschiedeten wir uns schließlich. Jetmir und sein Freund Lili kannten ein günstiges und gutes Restaurant. Dort, schlugen sie vor, könnten wir beim Abendessen unser Gespräch fortsetzen. Seit dem Mittag hatten Oliver und ich nichts mehr gegessen, dementsprechend war unser Appetit. Wir bestellten uns beide eine ordentliche Portion Fleisch mit diversen Beilagen. Nachdem wir uns gesättigt hatten, lud uns Jetmir noch auf ein Stück Kuchen und einen Cappuccino in eine nahe Konditorei ein, die um diese Zeit noch geöffnet hatte.

Als wir gegen 21 Uhr zum vereinbarten Treffpunkt kamen, waren unsere Kameraden nicht dort. Wir entschieden uns deshalb, alle vier in eine der umliegenden Bars zu gehen und dort zu warten. Zuvor hatte ich den Wachposten gebeten, die Kameraden darauf aufmerksam zu machen, wo wir waren.

Ich genoss die Atmosphäre in dem Lokal und freute mich, nach fast drei Monaten endlich wieder einen ganz ‚normalen' Abend verlebt zu haben. Auch Oliver empfand es nicht anders. Außerdem hatte ich neue Informationen und Ansprechpartner für meinen Artikel über die Universität Prishtinë gewonnen.

Nach gut einer Stunde trafen unsere Kameraden ein und wir machten uns wieder auf den Rückweg nach Prizren, welches wir gegen 23.30 Uhr erreichten.

Bevor wir uns aber verabschiedeten schrieb mir Lili noch einige herzliche Zeilen auf eine Postkarte, die auch meine Gefühle an diesem Abend widerspiegeln:

> Willkommen in Prishtinë! Heute sind wir glücklich, weil wir zwei neue Freunde kennen gelernt haben. Sie sind wunderbar. Wir sind sehr dankbar für Ihren Besuch bei uns im Studentenheim. Sie waren die besten Besucher, die wir bis jetzt in diesem kleinen Zimmer hatten.
>
> Mit Respekt, die Studenten Jetmir und Lili, Prishtinë 30.01.2001.

Gazimestan – Heilige Erde der Serben

Der Weg zum Denkmal der Amselfeldschlacht führt aus Prishtinë hinaus, vorbei an einem zerbombten Kasernenkomplex der jugoslawischen Armee, in Richtung des britischen und des KFOR-Hauptquartiers („Film City"), quer über das Kosovo Polje.

Die hügelige Landschaft verwehrt zunächst den Blick auf das Denkmal. Nur einmal ist der Turm kurz zu sehen, als wir über die Kuppe einer höheren Erhebung fahren. Wir folgen dem Verlauf der Straße nach Mitrovicë. Kurz hinter „Film City" biegen wir rechts auf einen Feldweg ab. Wir passieren einige zerstörte Gebäude. Schließlich gelangen wir zu dem Areal, auf welchem der Turm steht. Es ist mit einem rostigen, zum Teil niedergerissenen Zaun umgeben.

Wir parken den Wagen in Sichtweite des norwegischen Wachpostens und steigen aus. Vor uns erhebt sich das Denkmal der Amselfeldschlacht, ein etwa zwanzig Meter hoher, viereckiger Turm aus Granitgestein. Wir gehen eine steinerne Rampe hinauf, bis wir auf dem sternförmigen Denkmalsockel stehen. Um den Turm herum sind mehrere kleine, runde Betonsäulen angeordnet. Sie waren anlässlich der 600-Jahr-Feier der Schlacht errichtet worden. Auf den Säulen kann ich die Reste der Jahreszahlen „1389" und „1989" sowie der orthodoxen Kreuze noch deutlich erkennen. Radikale Kosovo-Albaner hatten im August 1999 die metallenen Ornamente abgebrochen und außerdem versucht, den Turm zu sprengen, was ihnen aber nicht gelungen ist.

Wir gehen um das Denkmal herum, bis wir zum Eingang des Turmes gelangen. Dort ist vermerkt, dass das Denkmal im Jahre 1953 errichtet worden ist zur Erinnerung an die historische Schlacht auf diesem Felde 1389.

Die Zerstörungen des Sprengversuches fallen mir beim Betreten des Turmes sofort ins Auge. Der Boden ist mit Schutt übersät und die ersten Stufen der Treppe, die sich nach oben windet, sind zertrümmert. Wir klettern über das rostige Drahtgewirr, das allein von diesen ersten Stufen geblieben ist. Die weiteren Schritte sind nicht ungefährlich. Der untere Teil der Treppe wirkt etwas brüchig, an der ersten Biegung klafft ein großes Loch. Das Geländer ist an den unteren beiden Treppenabschnitten fortgerissen und beim dritten schwer beschädigt.

Die Beleuchtungsanlage im Innern des Turmes ist defekt. Nur wenig fahles Licht fällt durch mehrere schießschartenähnliche, vergitterte Öffnungen hinein. Immer wieder stolpere ich über Kabel und sonstigen Unrat, der auf der Treppe liegt. An jeder Biegung prangen kyrillische Gedenktafeln. Der Weg nach oben ist anstrengend. Die Luft ist äußerst schlecht. Der Wind trägt die dunklen Abgaswolken aus den qualmenden Schloten der nahen Stromkraftwerke hinüber zum Denkmal und in Richtung Prishtinë.

Nach wenigen Minuten gelangen wir schließlich auf die Aussichtsplattform des Turmes. Eine Bronzetafel erklärt den Standort und zeigt, wo einst im Jahre 1389 das osmanische und das serbisch geführte Heer sich sammelten und aufeinander trafen. Das Denkmal, auf welchem wir stehen, ist auf jener

Fläche errichtet worden, wo sich damals die türkischen Truppen zur Schlachtordnung formierten. Laut der Tafel soll sich in unmittelbarer Nähe die Türbe Sultan Murads befinden, welcher in der damaligen Schlacht fiel.

Die Sicht ist durch Nebel und Abgaswolken etwas getrübt. Ich kann zwar die Türbe des Sultans nicht entdecken, aber das leicht hügelige Schlachtfeld ist gut zu überblicken. Dort, wo vor mehr als 600 Jahren die Schicksalsschlacht des mittelalterlichen Serbiens geschlagen wurde, reiht sich heute Ackerfläche an Ackerfläche. Das Terrain, auf dem der historische Kampf gegen die türkischen Heerscharen stattfand, heißt im lokalen Sprachgebrauch Gazimestan. Legenden und Mythen ranken sich um die damaligen Ereignisse, ranken sich um den Sultantöter Miloš Obilić, den gefallenen Fürsten Lazar und das „serbische Opfer" auf dem Amselfeld. Bis heute gedenken die Serben alljährlich jenes 15. Juni 1389 (nach dem Gregorianischen Kalender der 28. Juni), an dem die historische Schlacht ausgetragen wurde. In Serbien ist der „Vidovdan", der Sankt-Veits-Tag, ein wichtiger Nationalfeiertag.

Gar nicht lange ist es her, dass Slobodan Milošević am Fuße dieses Denkmales in einer Hetzrede die gemeinschaftliche Führung Jugoslawiens aufkündigte. Im Rahmen der 600-Jahr-Feier der Schlacht 1989 sprach er hier vor etwa einer Million Serben, die sich auf Gazimestan versammelt hatten. Wie Jahrhunderte zuvor sollte auch dieser „Vidovdan" ein schicksalhafter Tag werden, nicht allein für Serbien, sondern für alle Völker Jugoslawiens. Wahrhaft, das Denkmal der Amselfeldschlacht und der Boden, auf dem es steht, umwallt der Atem der Geschichte. (Es mag wie eine Ironie der Geschichte erscheinen, dass auf den Tag genau zwölf Jahre später, am 28. Juni 2001, Slobodan Milošević von der neuen jugoslawischen Regierung an das Haager Kriegsverbrechertribunal ausgeliefert worden ist.)

Ich lasse meinen Blick umherschweifen. Im Norden erstreckt sich das historische Schlachtfeld, im Westen, bei der Ortschaft Obilić, qualmen die Kraftwerke und im Südosten sind die Ausläufer Prishtinës zu erkennen.

Nach etwa einer halben Stunde machen wir uns schließlich auf den Heimweg. Ein letztes Mal noch blicke ich zurück auf die geschichtsträchtige Stätte, dann versinkt sie einsam hinter den Hügeln.

Das gekreuzigte Kosovo

„Kosovo i Metohija“ – Kosovo und Metochien (Kosmet) nennen die Serben Kosova. In ihrer Mythologie, in ihrem Verständnis ist diese Region stilisiert zur „Wiege des Serbentums“. Die Gründe dafür sind vielfältig und reichen weit zurück in die Vergangenheit. Der mittelalterliche serbische Staat (1151-1459) und seine schicksalhafte Schlacht auf dem Amselfeld 1389 spielen dabei eine wichtige Rolle. Über Jahrhunderte hat die serbisch-orthodoxe Kirche den Kosovo-Mythos und das Serbentum bewahrt und während der gesamten osmanischen Herrschaft (1459-1912) aufrechterhalten; insbesondere als nach dem großen türkisch-österreichischen Krieg die auf österreichischer Seite kämpfenden Serben 1690 vor der türkischen Rache aus Kosmet in die Region um Belgrad flohen.

Die im Jahre 1219 gegründete serbisch-orthodoxe Nationalkirche wurzelt im südwestlichen Teil Kosovas, in Metochien. Die Bezeichnung entstammt dem Griechischen und bedeutet Kloster- oder Kirchengut. Bis zum Zweiten Weltkrieg war der größte Teil des Gebietes im Besitz der serbischen Kirche. Die Häufung der sakralen Bauten ist kennzeichnend. Das Kloster Studenica nordöstlich von Pejë ist sogar von der UNESCO zum Weltkulturerbe erklärt worden.

Im Rahmen von Betreuungsfahrten und Recherchen habe ich inzwischen einige interessante und eindrucksvolle serbisch-orthodoxe Klöster und Kirchen in Kosovo und Metochien gesehen. Sie alle werden durch KFOR-Kräfte gesichert. Dass die

Notwendigkeit dazu besteht, zeigt die Verheerung Dutzender sakraler Objekte durch radikale Kosovo-Albaner auch nach dem Einmarsch der KFOR im Juni 1999. Eine propagandistische Publikation der serbischen Kirche mit dem Titel „Das gekreuzigte Kosovo“, die vornehmlich in den Klöstern und Kirchen Kosmets ausliegt, dokumentiert plakativ diese Zerstörungen während der ersten Monate der KFOR-Mission.

In Prizren gibt es zwei bedeutende serbisch-orthodoxe Bauwerke: die 1856 erbaute Kirche mit Bischofsresidenz in der Altstadt und die von 1307-1309 errichtete, fünfkuppige Muttergotteskirche (Bogorodica Ljeviska). Erstere ist ein Refugium für die wenigen verbliebenen Serben in der Stadt und gleichzeitig ihr Lebensmittelpunkt. Sie prägt das Altstadtbild gemeinsam mit der Sinan-Pascha-Moschee. Im Gegensatz zur Moschee ist die Kirche im Innern sehr gut erhalten. Erwähnenswert ist noch die Erlöserkirche (Sveti Pasa) unterhalb der türkischen Festung Kalaja. Sie ist an die mittelalterliche Burgruine Ribnik angelehnt. Bei einem Aufstieg zur Festung konnte ich einen genaueren Blick auf diese gut bewachten Objekte werfen. Mit Hilfe von Spendengeldern aus Serbien werden die bei einem früheren Brand beschädigten Wandmalereien in Sveti Pasa derzeit restauriert.

Im Flusstal der Prizrenska Bistrica befindet sich ein weiteres orthodoxes Bauwerk oder vielmehr seine Überreste, das Erzengelkloster. Im Jahre 1348 vom legendären Zaren Dušan erbaut, wurde es bald darauf von den Osmanen zerstört. Die Trümmer sind später teilweise zum Bau der Sinan-Pascha-Moschee verwendet worden. Heute leben wieder sechs Mönche in dem schwer bewachten Areal. Noch vor dem

Kosovo-Krieg waren am Rande der alten Klosteranlage zwei Gebäude errichtet worden, in denen die Mönche jetzt leben, beten und arbeiten. Sie verdienen ihren Lebensunterhalt mit der Herstellung kunstvoller, aus Holz geschnitzter Kreuze. In jüngerer Zeit hat man auch die Eingangstore rekonstruiert, welche jetzt wieder die ehemaligen Zugänge zur Klosteranlage zieren. Die historischen Bauten sind nur in ihrem Grundriss zu erkennen. Ihre einstmalige Größe und Bedeutung lässt sich nur noch erahnen.

Interessanter war für mich das Kloster Gračanica in der Nähe von Prishtinë. Der kunstvolle Bau ist im frühen 14. Jahrhundert errichtet worden. Heute leben dort ausschließlich Nonnen. Die Anlage wird von ihnen liebevoll betreut und gepflegt. Wie die meisten Klöster ist es umgeben von Mauern, ist es konstruiert als eine wehrhafte Anlage. Im Inneren der Kirche sind zahlreiche historische Wandmalereien, die bisher kaum restaurativ behandelt worden sind. Es ist erstaunlich, dass sie sich so lange in dieser Qualität erhalten haben. Dieser Umstand trifft aber auf die meisten orthodoxen Klöster in Kosovo und Metochien zu – und nicht nur dort.

In der Region um Pejë, am Fuße der Albanischen Alpen und in Sichtweite der montenegrinischen Grenze, befindet sich eines der bedeutendsten Denkmäler der Serben, das Patriarchat von Peć. Über Jahrhunderte war es der Sitz der serbischen Erzbischöfe und des Patriarchen und das Zentrum der serbisch-orthodoxen Kirche.

Die mittelalterliche Klosteranlage ist nicht mehr vollständig erhalten. Dort, wo einst die Klosterbruderschaft lebte und arbeitete, sind heute nur noch die Grundrisse der Bauten erkennbar. Neben einigen

Wohngebäuden befindet sich der beeindruckende Kirchenkomplex des Patriarchats von Peć. Dieser besteht aus insgesamt vier mittelalterlichen Kirchen und einer frühneuzeitlichen, geschlossenen Narthex. Im Innern des Komplexes offenbart sich noch immer der einstige Prunk des Patriarchats anhand der besonderen Fresken und Wandmalereien. Auch die wichtigsten Ikonen der serbisch-orthodoxen Kirche werden in würdiger Atmosphäre präsentiert. Bedauerlich ist jedoch, dass viele alte Ikonen und andere kunstvolle Objekte in den Räumen des Kirchenkomplexes ungeschützt herumliegen. Sogar mittelalterliche Handschriften und sakrale Gegenstände befinden sich darunter. Diese traurigen Umstände sind bezeichnend für die derzeitige Situation des Patriarchats von Peć.

Eine wahrhafte Oase der Ruhe und Besinnlichkeit ist das Kloster Visoki Dečani. Ich hatte Glück, dass ich es bei gutem Wetter besuchte. Rötlich glitzerte die marmorne Fassade der Kirche im Sonnenlicht, während sich auf dem umliegenden Rasen ein paar Katzen tollten. Das prachtvolle mittelalterliche Gotteshaus wird umrahmt von malerischen Bauten für die Klosterbruderschaft aus dem 17. Jahrhundert. Die das gesamte Areal umspannenden Mauern schirmen wirksam nach außen hin ab.

Die Klosteranlage ist eine kleine, romantisch anmutende Welt für sich. Die prachtvollen Wandmalereien in der Kirche zeugen vom einstigen Reichtum und der Bedeutung des Klosters. Wohin ich schaute, es dominierte eine Farbe, jene Farbe, die seinerzeit mit Gold aufgewogen wurde: Byzantin Blau. Der Duft edlen Weihrauchs erfüllte die Luft und die erklärenden Worte des Popen hallten durch den Raum. Vor dem Altar stand jener Sarg, der die

Gebeine des Stifters, des Zaren Stefan Dečanski beherbergt. Auffallend war auch der große Kronleuchter, der sogenannte Horos, den die Gemahlin des 1389 gefallenen Fürsten Lazar dem Kloster schenkte. Mag man der Erzählung des Popen Glauben schenken, so ist dieser Leuchter aus serbischen Waffen der Amselfeldschlacht geschmiedet. Visoki Dečani ist mit Abstand das schönste und beschaulichste Kloster, das ich in Kosovo und Metochien gesehen habe.

Die alten Mauern und die bröckelnde Pracht serbisch-orthodoxer Monumente in Kosmet erzählen von ihrer wechselvollen Geschichte. Diese wirft nun einmal mehr dunkle Schatten über sie.

Die Bewegung zur Aussöhnung des Blutes

Jene älteren Herren, die um ihr Plis noch ein Tuch gewickelt haben, sind mir in Prizren mehrfach aufgefallen. Es gibt nur wenige von ihnen. Als ich vor einiger Zeit unsere Sprachmittler darauf ansprach, wurde mir erläutert, dass diese Männer das Tuch als Ausdruck steter Todesbereitschaft tragen würden. Diese Tradition sei eng verwoben mit der Blutrache. Zumeist kämen sie aus der Region um Deçan und Pejë, wo der Kanun teilweise noch immer Geltung hat. Der Kanun ist das albanische Gewohnheitsrecht. Es gibt verschiedene Versionen, die wichtigste Kodifikation stammt von Lekë Dukagjini aus dem 15. Jahrhundert. Im Rahmen des Gespräches erfuhr ich auch von einer Aussöhnungsbewegung Anfang der 90er Jahre.

Die Ausführungen machten mich neugierig und ich begann mich intensiver mit dem Kanun, der Blutrache und ihrer Überwindung durch Aussöhnung zu beschäftigen. In einem internationalen Buchladen in Prishtinë fiel mir durch Zufall eine deutsche Ausgabe des Kanuns in die Hände. Das zehnte der insgesamt zwölf Bücher, in die das albanische Gewohnheitsrecht eingeteilt ist, behandelt fast ausschließlich „das Blut“. Über das Internet und einen katholischen Orden in Prizren gelangte ich schließlich zu Don Lush Gjergj (*Don* bedeutet Priester). Er ist eine Persönlichkeit in Kosova und hat sich nicht nur mit seinem Engagement in der Blutracheaussöhnung einen Namen gemacht.

Mitte Februar fuhr ich schließlich nach Binçë, einem Dorf bei Viti, um den katholischen Priester zu treffen. Er empfing uns äußerst warmherzig und führte uns in einen gemütlichen Raum seiner Pfarrei. Ein symbolträchtiges Gemälde fiel mir sofort ins Auge. Es zeigt den albanischen Nationalhelden Skanderbeg gemeinsam mit Mutter Theresa. Im Hintergrund verwehen die Haare des Helden und der Schleier der Barmherzigen zur herrlichen Berglandschaft Albaniens.

Im anschließenden Interview, das gut drei Stunden dauerte, erfuhr ich allerhand über die Blutrache und vor allem das Aussöhnungsprojekt. „Blutrache ist der Krebs der albanischen Gesellschaft. Er kann nur durch Vergebung und Aussöhnung geheilt werden". Mit diesen Worten eröffnete Don Gjergj das Gespräch, dann begann er zu erzählen.

Im Jahre 1989 wurde Kosova der Autonomiestatus aberkannt. Viele junge Menschen sind damals bei Demonstrationen dagegen verhaftet und 32 sogar getötet worden. Einige engagierte Studenten sahen nun die Zeit zum Handeln gekommen. Sie sahen die Möglichkeit, das albanische Volk endlich von einer historischen Last zu befreien. Zu Ehren der Getöteten wollten sie ein Zeichen setzen, ein Zeichen auch für das Ziel der Einigung der Albaner in Jugoslawien gegen die Serben. Sie wollten die gleiche Anzahl „Blutes" (Blutrachefälle) aussöhnen und damit den Tod weiterer 32 Menschen verhindern. Damit diese Idee auch umgesetzt werden konnte, traten die Studenten an den bekannten Albanologen Anton Çetta und andere Intellektuelle heran, die sich mit viel Hingabe der Sache annahmen. Das war der Beginn eines bis dahin beispiellosen Projektes zur Blutracheaussöhnung; ein wichtiger

Schritt, um „sich den demokratischen Prozessen anzuschließen, die sich in ganz Europa verbreiten“ *, wie Anton Çetta damals sagte.

Das Jahr 1990 ging in die Geschichte ein als das „Jahr der Aussöhnung“. Die Intellektuellengruppe um die Leitfiguren Anton Çetta, Zekeria Cana und Don Lush Gjergj bildete einen Zentralrat und begann die Blutracheaussöhnung zu systematisieren. „Unsere Hauptmotivation“, erklärte mir Don Gjergj, „war, das Böse aus dem Inneren zu jagen. Wenn das Böse in uns steckt, können wir nichts erreichen und nichts von anderen erwarten“.

Erste Kommunal- und Dorfräte bildeten sich, vornehmlich in der Region um Pejë und Deçan. Dort waren nach dem Registerbuch die meisten Blutrachefälle verzeichnet. Manche reichten Jahrzehnte zurück. Die Räte setzten sich aus bekannten kommunalen Persönlichkeiten und Dorfältesten zusammen. Ihre Aufgabe war es, Informationen über Blutrachefälle im Bereich der Gemeinden zu sammeln. Sie traten mit verfeindeten Familien in Kontakt und arrangierten Aussöhnungszeremonien.

Ganz zu Anfang wurden nur „besa“ erreicht. „Besa“ bedeutet Gottesfriede und ist nach dem Kanun des Lekë Dukagjini „eine Frist der Freiheit und Sicherheit, die das Haus des Getöteten dem Täter und seinen Hausgenossen gewährt, um nicht sofort und vor einer bestimmten Frist für das Blut

---

* *Çetta*, Anton: A future without blood feuds. Interview, in: *Hida*, Rexhep, *Kekezi*, Harillaq (Hrsg.): What the Kosovars say and demand (Collection of studies, articles, interviews and commentaries), Bd. 3, Tirana 1991, S. 220.

zu verfolgen (ehe noch die Ältesten untersuchen konnten)“ *.

Nach den ersten „besa“ gelang es rasch, die ersten Blutrachefälle im familiären Kreis auszusöhnen. In Absprache mit den Beteiligten wurden sie schließlich publik gemacht. In der Folgezeit wurden die Aussöhnungszeremonien dann immer öffentlicher. Verwandte, Bekannte, Nachbarn und Intellektuelle, die Repräsentanten der Bewegung, wurden eingeladen. Die Versöhnungen wurden mehr und mehr zu Ereignissen.

Es war stets ein bedingungsloses Vergeben. Auf die Auflagen des Kanuns wurde bewusst verzichtet. Nicht zuletzt durch die mediale Verbreitung, hauptsächlich durch kosovo-albanische Radio- und Fernsehsender, gewann das Projekt an Dynamik. Es entwickelte sich schließlich zu einer regelrechten Volksbewegung.

Ziel des Projektes war, nicht nur Einzelfälle auszusöhnen, sondern beispielsweise alle Blutrachen in einem Dorf. Man wollte große Zeremonien ausrichten, Großereignisse mit der entsprechenden Wirkung. „Oftmals“, erzählte mir Don Gjergj, „haben sich verfeindete Familien spontan einer Aussöhnungszeremonie angeschlossen, angesteckt durch die Atmosphäre“. Bei jeder Aussöhnungsfeier waren auch Vertreter des Zentralrates anwesend. Das größte Massentreffen dieser Art fand am 1. Mai 1990 bei Verrat e Llukës statt. Mehr als eine halbe Millionen

---

* *Basha*, Egrem, *Elsie*, Robert, *Ismajl*, Rexhep (Hrsg.): Der Kanun. Das albanische Gewohnheitsrecht nach dem sogenannten Kanun des Lekë Dukagjini kodifiziert von Shjefën Gjeçovi, Pejë 2001, 10/3/4.

Menschen haben seinerzeit die dortigen Aussöhnungen bezeugt.

Bei Verrat e Llukës zeigte sich allerdings auch besonders deutlich die Einstellung des Milošvić-Regimes zur Aussöhnungsbewegung. Spezialkräfte hatten sich um die Menschenmenge postiert und Maschinengewehre auf sie gerichtet, bereit, jederzeit und sofort das Feuer zu eröffnen, wenn es einen Anlass dazu gegeben hätte. Nur wenige Wochen später wurde die systematische Blutracheaussöhnung verboten. Die offizielle Begründung war, dass sich das Projekt gegen Serbien richte. Die Bewegung war dadurch zwar gehemmt, aber keinesfalls gestoppt.

Das anfänglich auf Kosova beschränkte Projekt gewann auch außerhalb der Region zunehmend an Eigendynamik. In Montenegro, Mazedonien, Bosnien und Herzegowina, sogar in der Diaspora fand die Bewegung ihre Anhänger. Zahlreiche Fälle wurden beigelegt. Einige Familien, die aufgrund offener Blutrachen aus Kosova geflohen waren, kehrten sogar in ihre Heimat zurück und söhnten sich mit dem „Haus des Getöteten“ aus. Eine Zusammenarbeit mit Albanien kam aufgrund der politischen Situation nicht zustande. Aber dort bildeten sich unabhängige Initiativen, angeregt durch die großen Erfolge der Nachbarn. Blutrache ist in den nördlichen Bergregionen noch immer weit verbreitet. Mancherorts gibt es daher bis heute einen empfindlichen Männermangel.

Neben den Intellektuellen, der islamischen und der katholischen Glaubensgemeinschaft war vor allem die Jugend sehr engagiert in der Bewegung. Schüler und Studenten sahen darin ihre Chance für eine friedliche und demokratische Zukunft. „Sie gehen von Dorf zu Dorf, stellen Nachforschungen an und reden mit den Menschen“, berichtete Anton Çetta in einem Interview mit Nadirme Vllasi im Jahre 1990. „Unsere jungen Männer und Frauen arbeiten jede Woche mit großem Eifer“, so Çetta weiter, „sie spüren stetig neue Blutrachefälle auf, bereiten das Terrain vor und ihre Versöhnungsarbeit wird immer erfolgreicher“ [*].

Die Bewegung hat bis heute sehr große Bedeutung. „Wenn das Volk nicht ausgesöhnt ist, kann es nicht vereinigt sein“, sagte Don Gjergj. „Es gibt keine Freiheit und Demokratie ohne Aussöhnen und Vergeben“.

Jede Aussöhnung war zutiefst emotional, war stets ein Gewitter der Gefühle. Jemandem die Tötung des eigenen Vaters oder des eigenen Sohnes, überhaupt eines nahen Verwandten zu vergeben, bedarf ungeheuerlicher Kraft, bedarf enormer Stärke. „Der Starke vergibt, der Schwache vergibt nicht“ – das war die Devise der Aussöhnungsbewegung. „Besonders bewegt hat mich ein alter Mann“, erinnerte sich Don Gjergj, „der das Blut seiner vier getöteten Söhne vergab. Er ist ein wahrer Held“. Allein dieser Fall verdeutlicht, wie wichtig das Aussöhnungsprojekt war.

„In einem anderen Fall“, erzählte mir Don Gjergj, „hat eine alte Frau unter Tränen dem Mörder ihres Mannes vergeben. Ihre Tochter aber“, berichtete er weiter, „war etwas steif“. Die Mutter sagte ihr, sie solle dem Mann die Hand reichen. Er sei jetzt ihr Bruder. Bei diesen Worten reichte das Mädchen dem Mann nicht nur die Hand, sondern umarmte ihn innig. Erleichtert sagte sie, ihr sei ein großer

---

[*] *Çetta*, S. 221.

Stein vom Herzen gefallen. „Diese Geste, diese Worte haben mich sehr gerührt“, erinnerte sich der Priester.

Die Zeremonien waren stets geprägt von tiefer Symbolik. Ein gutes Beispiel dafür ist die Aussöhnung im folgenden Fall, wie Don Gjergj bemerkte: In einem Bergdorf im Sharri-Gebirge gab es im April 1990 eine Feier, bei der die Täterfamilie auf der einen, die Opferfamilie und die Dorfbevölkerung auf der anderen Seite eines Flusses standen. Im Rahmen der Aussöhnungsfeier trat nun die Familie des Täters durch den Fluss hinüber auf das andere Ufer; es war ihr Weg zurück in die Dorfgemeinschaft.

In vielen Familien wurden durch die Aussöhnungsbewegung jene unterstützt, die nicht bereit waren, der Tradition des Kanuns zu folgen. Häufig wollten Rächer selbst nicht töten, aber die Verwandtschaft drängte sie dazu, weil Blutrache schließlich Tradition sei. Auch viele Mütter und Ehefrauen waren in der Aussöhnung sehr engagiert. Studentinnen aus Gjakovë formulierten die Interessen der Frauen im März 1990 erstmals in der Öffentlichkeit: „Wir fordern alle Männer auf, sich öffentlich auszusöhnen. Die albanischen Mütter gebären ihre Söhne nicht, damit sie getötet werden!“* Nach dem Kanun fallen Frauen und außerdem katholische Priester nicht ins Blut, weil sie keine Nachkommen haben.

Die Erfolge des Projektes sind großartig. 1275 Blutrachefälle wurden binnen weniger Monate aus-

---

* *Kadrin*, Ibrahim: The blood feud is at an end, in: *Hida*, Rexhep, *Kekezi*, Harillaq (Hrsg.): What the Kosovars say and demand (Collection of studies, articles, interviews and commentaries), Bd. 3, Tirana 1991, S. 225.

gesöhnt. Zwischen vielen zuvor verhassten Familien bestehen heute sogar familiäre Bande. Nicht wenige haben untereinander geheiratet und sich somit in besonderer Weise verbrüdert.

Die Bewegung zur Aussöhnung des Blutes war eine „Bewegung mit humanem Charakter", wie Anton Çetta betonte. Er trat außerdem dafür ein, dass „auch Blutrachen zwischen Albanern und Serben ausgesöhnt werden sollen, insofern es sie gibt"*.

Seit dem „Jahr der Aussöhnung" hat sich in Kosova vieles verändert. Viele alte Wunden sind geschlossen, durch die jüngsten Auseinandersetzungen aber auch viele neue gerissen worden. Don Gerjgj ist noch immer ein sehr engagierter Mann. Auch wenn die systematische Blutracheaussöhnung Anfang der 90er Jahre ihr Ende fand, der katholische Priester aus Binçë hilft noch immer, wo er kann. „Ich bin für jeden offen", sagte Don Gjergj, „der möchte, dass ich ihn bei der Aussöhnung eines Blutes unterstütze". Nebenbei schreibt und übersetzt er Kinder- und Schulbücher. Großen Erfolg errang sein fundiertes Werk über Mutter Theresa. Ich habe mich sehr darüber gefreut, als er mir ein signiertes Exemplar in englischer Sprache als Geschenk überreichte. Er ist auch Präsident des 1990 gegründeten Vereines „Mutter Theresa" und vertraut ihren Maximen. Kurz nach dem Ende des Kosovo-Krieges, im September 1999, brachte er dies in einem Interview bemerkenswert zum Ausdruck: „Wenn unser Volk in Hass lebt, wird es niemals Frieden haben und es wird neue Gewalt verursachen. Wir haben gelitten, aber wir möchten nicht anderen

---

* *Çetta*, S.222.

Leid zufügen – nicht einmal Milošević. Ich möchte nicht einmal, dass er mit der Situation konfrontiert wird, in der ich für 90 Tage während der ethnischen Säuberungen war“ *. Und Don Gjergj lässt seinen Worten auch Taten folgen. Im Rahmen seiner Vereinstätigkeit ist er sehr engagiert in einem neuen Projekt. Er bemüht sich um eine Aussöhnung der Völker in Kosova, „auch mit den Serben“, wie er ausdrücklich betont. „Wir sollen unsere Fehler zugeben. Wer nicht in der Lage ist zu vergeben, der ist nicht in der Lage zu leben“. Für dieses neue Projekt ist er unter anderem mit noch lebenden Mitgliedern des Zentralrates der Blutracheaussöhnung in Kontakt getreten. Sein tatkräftiges Engagement ist Ausdruck seiner festen Überzeugung, dass „Kosova erst frei wird, wenn es frei vom Hass ist“.

Während des Interviews wurden wir kurzzeitig von einem Fernsehteam aus Mitrovicë unterbrochen. Sie interviewten ihn zum gleichen Thema in seiner kleinen Kirche. Diese wurde im Jahre 1990 anlässlich des Aussöhnungsprojektes mit entsprechenden Wandmalereien verziert, deren Bedeutung Don Gjergj nun ausführlich erläuterte. Bevor ich mich verabschiedete, empfahl er mir noch ein interessantes und für Kosova wichtiges Buch: „Pajtimi i Gjaqeve 1990 – 1991“ (Die Aussöhnung des Blutes 1990 – 1991), an welchem unter anderem Anton Çetta bis zu seinem Tod 1997 mitgewirkt hat. Es ist im vergangenen Jahr in Prishtinë erschienen. In diesem Buch werden die meisten der ausgesöhnten Blutrachefälle dokumentiert.

---

* ZENIT: Avoiding blood vengeance in Kosovo. Priest works to reconcile Serbs and Albanians (http://www.zenit.org/english/archive/9909/ ZE990929.html [22.01.2002]).

Mit insgesamt acht Seiten an Notizen, die ich während des Interviews gemacht hatte, und zwei interessanten Büchern zum Thema[*] begab ich mich schließlich zurück nach Prizren. Die Informationen und Eindrücke, die ich gewonnen hatte, und das umfangreiche Material habe ich schließlich zusammengefasst in einer stark beachteten Titelgeschichte für die „Dritarja“ Nr. 22.

---

[*] Siehe dazu im Literaturverzeichnis: *Balin — Hida* u. *Kekezi* (S. 213-296).

„Du bist verrückt!“

Das Leben in einem Feldlager hat seine Schwierigkeiten. So etwas wie eine Privatsphäre gibt es nicht, überhaupt gibt es nur wenige Ausweichmöglichkeiten. Tagtäglich, und das über Wochen und Monate, lebt und arbeitet man mit den gleichen Menschen zusammen. Hinzu kommt die belastende Situation, fort zu sein von seiner Familie, seinem Partner, seinen Kindern und Freunden. Echte Freizeit kann es unter diesen Umständen nicht geben. Sport ist möglich, gelegentlich im Internet zu surfen auch, die Lieben daheim anzurufen oder in einer der Betreuungseinrichtungen mit Hilfe von (alkoholischen) Getränken und bei gelegentlichen Partys etwas abzuschalten. Aber stets ist man im Dienst, stets ist die Waffe ‚am Mann'.

Nun war das für mich persönlich nicht viel Neues. Als Marinesoldat habe ich ‚extremere' Lebensbedingungen an Bord eines Schiffes im Rahmen von monatelangen Seefahrten erlebt. Dementsprechend zuversichtlich war ich im November 2001 nach Kosova geflogen. Schnell musste ich jedoch feststellen, dass die Lebensumstände an Bord des Kriegsschiffes kaum mit jenen im Feldlager vergleichbar waren. Das lag nicht etwa an dem fehlenden Seegang oder Ähnlichem, sondern vielmehr an den Menschen. So musste ich erfahren, dass die durchweg gute Kameradschaft, wie ich sie bei der Marine erfahren habe, keine Selbstverständlichkeit ist. Im Detail verlieren möchte ich mich an dieser Stelle nicht, aber die menschlichen Enttäuschungen, die ich in diesen

Monaten in Kosova erlebt habe, waren oftmals schmerzlich und darüber hinaus auch unnötig. Um so wichtiger ist es mir deshalb, hier hervorzuheben, dass ich während dieses Einsatzes auch viel aufrichtige Kameradschaft und Freundschaft erlebt habe, Menschen, die dort im Feldlager über Monate dem Druck standgehalten haben und Menschen geblieben sind.

Nach vier Monaten im Einsatz entschied ich schließlich, den mir zustehenden Urlaub zu nehmen und Abstand vom Feldlagerleben zu gewinnen. Der klassische Heimaturlaub schwebte mir aber nicht vor, mich reizte das Abenteuer.

So entschied ich mich nach eingehender Information über die potentiellen Gefahren und Möglichkeiten für einen Trip nach – Albanien.

„Du bist verrückt!“, das war der gängige Kommentar, der mir entgegenschlug, sobald ich von meinem Vorhaben erzählte. Die wenigsten hatten Verständnis dafür. „Was willst du denn dort? Da ist es ja noch schlimmer als hier!“, so lautete das häufigste Klischee. Auf meine Nachfrage, woher derjenige das denn wisse, ob er schon einmal dort gewesen sei, kam meist nur ein Kopfschütteln oder eine ignorante Handbewegung. Davon beirren ließ ich mich freilich nicht. Immerhin, so wurde mir gesagt, sei ich der erste deutsche Soldat, der Urlaub in der Region mache und weder verwandtschaftliche Bande dort habe noch des Albanischen mächtig sei.

Rasch besorgte ich mir Zivilkleidung. Außer Unterwäsche, Socken und einem Paar Turnschuhen hatte ich von zu Hause nichts mitgenommen, in der Erwartung, es nicht zu benötigen. Die zahlreichen PX-Shops im KFOR-Hauptquartier in Prishtinë boten eine große Auswahl an Kleidungsstücken an.

Die Kameraden an der Wache staunten nicht schlecht, als ich am frühen Morgen des 7. März das Feldlager in ziviler Kleidung verließ. Von nun an war ich ein Student, der als Tourist den Balkan bereiste, das war die Sicherheitsauflage, die man mir gemacht hatte. Als KFOR-Soldat durfte ich mich nicht zu erkennen geben. Nichts leichter als das!

Der erste Schritt aus dem Lagertor hinaus war wie eine Befreiung. Nach vier Monaten konnte ich mich erstmals wieder frei bewegen, konnte tun und lassen, was ich wollte, ohne detailliert Rechenschaft darüber abzulegen. Ich genoss die Erfahrung, als Zivilist jene Wege zu gehen, die ich sonst nur in Uniform, mit Bristol, Helm und teilgeladener Waffe beschreiten durfte. Ängste ob meiner Sicherheit, wie sie mir mancher einzureden versucht hatte, beschlichen mich nicht. Ein komisches Gefühl war es trotzdem.

Wie verabredet traf ich eine Sprachmittlerin am Busbahnhof in Prizren, die mir helfen wollte, einen vernünftigen Kleinbus zu finden, den Fahrpreis auszuhandeln und dem Fahrer zu sagen, wo genau er mich rauslassen solle: am Skanderbeg-Platz in Tiranë. Es dauerte etwa eine halbe Stunde, bis wir einen passenden Kleinbus gefunden hatten. Neugierig wurde ich von vielen Passanten betrachtet. Manche, so hatte ich den Eindruck, unterhielten sich auch über mich. Zweifelsohne fiel ich auf mit meinen blonden Haaren und meiner hellen Haut. Ich hoffte nur, von niemandem erkannt zu werden, denn als Redakteur der „Dritarja“ war ich viel in Prizren und Kosova unterwegs; mein Gesicht dürfte also bekannt gewesen sein. Um so erleichterter war ich, als ich endlich einen der Busse bestiegen und mein Gepäck sicher verstaut hatte. Zwanzig Euro sollte die Fahrt von

Prizren nach Tiranë kosten – ein wirklich guter Preis. Ich verabschiedete mich von der Sprachmittlerin, von nun an war ich auf mich alleine gestellt.

Die anderen Fahrgäste begrüßten mich alle freundlich und jeder versuchte, mir auf Albanisch etwas mitzuteilen, mich etwas zu fragen. Leider waren meine Albanisch-Kenntnisse nur sehr beschränkt, so dass sich ein lebhaftes Gespräch nicht entwickeln konnte. Alle Versuche endeten in einem deutsch-englisch-albanischen Kauderwelsch.

Der Kleinbus, der mich nun nach Tiranë bringen sollte, war recht gut ausgestattet. Einziges Manko: die Sicherheitsgurte waren fast alle defekt. So sehr ich an meinem zog, er ließ sich nicht bewegen. Die anderen Fahrgäste belächelten mich schon und gaben mir zu verstehen, dass ich mich nicht anzuschnallen bräuchte und dass das überhaupt völlig überflüssig sei. Da saß ich nun, unangeschnallt, die Photoausrüstung auf dem Schoß, etwas verkrampft und doch erwartungsfroh in diesem kleinen Bus und fuhr in Richtung der albanischen Grenze.

Vërmicë war die letzte mir bekannte Ortschaft. Keine halbe Stunde nach der Abfahrt in Prizren erreichten wir schon die Grenze am Morinë-Pass. Ein deutscher UNMIK-Polizist kontrollierte zunächst unsere Papiere. Als ich ihm meinen Reisepass gab, den ich mir von zu Hause hatte schicken lassen, schaute er mich erstaunt an und fragte: „Ist das ihr erster Aufenthalt in Albanien?“ Und als ich bejahte, antwortete er nur mit süffisantem Unterton: „Na dann, viel Spaß!“

Die albanischen Grenzposten waren freundlicher. Ich wurde gebeten auszusteigen und folgte dem Diensthabenden in die kleine Grenzstation. Dort musste ich zehn US-Dollar Einreisegebühr bezahlen.

Im Rahmen meiner Reisevorbereitungen hatte ich von dieser Regelung erfahren und mir rechtzeitig zwei Zehn-Dollarnoten besorgt, jeweils für die Ein- und Ausreise. Der Grenzbeamte stellte mir eine Quittung aus und stempelte meinen Reisepass ab. Die Fahrt konnte weiter gehen, nun war ich in Albanien!

Die Straße wurde merklich schlechter, aber der Bus hatte gut gepolsterte Sitze. Mir fielen sofort die umfangreichen Grenzbefestigungen auf. Hunderte Bunker, oft in Linien angelegt, durchzogen die ansonsten malerische Landschaft. Die meisten waren Betonbunker, ausgelegt für zwei, maximal drei Verteidiger. Aber es gab auch solidere Bollwerke. Wie graue Pilze wucherten sie entlang der Strecke, hinter jeder Biegung, auf jeder Böschung. Zunächst dachte ich, es seien nur Grenzbefestigungen, doch derartige Bunkersysteme durchziehen das ganze Land, durchziehen auch die Städte, Felder und Friedhöfe. Diese Hunderttausenden Bunker sind in der Hoxha-Zeit errichtet worden, vor allem in den 70er- und frühen 80er-Jahren, als Albanien politisch fast und schließlich völlig isoliert war.

Landschaftlich ist die Route von Prizren nach Tiranë überwältigend schön. Schon das erste Stück bis Kukës war sehr reizvoll. Es war aber nur ein Vorgeschmack auf das, was noch kommen sollte. Leider wurden hier auch schon erste Umweltsünden sichtbar. Eine der vielen Kupfer- und Goldfabriken in den nordalbanischen Bergen leitete ihre giftigen Abwässer in einen der Flüsse, die wir überquerten. Das Wasser war alles andere als klar, vielmehr eine rotbraune Suppe. Als der Bus die darauf folgende Anhöhe bewältigt hatte, eröffnete sich mir die Sicht auf eine weite Ebene inmitten der Berge und eine kleine Stadt darin: Kukës. Vor drei Jahren hatten hier zigtausend Flüchtlinge aus Kosova Zuflucht gesucht und unter erbärmlichen Umständen gehaust. Heute erinnert dort nichts mehr an ihr Leid.

In Kukës angelangt, tankte der Fahrer zunächst. Dann fuhr er zu einem Busbahnhof, wo erste Fahrgäste aus- und neue einstiegen. Auch der Fahrer wechselte. Inzwischen waren wir schon über eine Stunde unterwegs.

Noch sieben weitere Stunden sollte es dauern, bevor wir Tiranë endlich erreichten. Der Weg führte durch eine wild zerklüftete Berglandschaft. Der Frühling hatte bereits begonnen, und mancher Hang strahlte im herrlich frischen Gelb des aufblühenden Ginsters. Wir fuhren durch einige kleine Bergdörfer, die malerisch wirkten, aber wohl nur im Auge des Betrachters. Einmal kam uns eine alte Bäuerin entgegen, die ihre Kühe bergan trieb, ein anderes Mal überquerten zahlreiche Ziegen gemütlich den Weg. Bisweilen war dieser so schlecht, dass wir nur zwanzig Stundenkilometer fahren konnten. An einer Stelle war sogar ein großer Teil der Straße weggebrochen, so dass der Fahrer nur sehr vorsichtig und äußerst langsam weiterkam. Der Abgrund war meist nicht gesichert, nur vereinzelt gab es Barrieren aus Beton – aber nicht unbedingt an den gefährlichsten Stellen. Manchmal, sofern es denn ging, fuhr der Fahrer auch mal recht rasant. Das war mir besonders unangenehm, wenn er wieder einmal etwas großzügiger in eine Kurve eingelenkt hatte, ihm dann plötzlich ein Fahrzeug entgegen kam und das blitzartige Ausweichmanöver den Kleinbus bedenklich nah an den ungesicherten Abgrund herantrug. Fürwahr, gute Photos habe ich dabei machen können! Irgendwie musste ich mich ja ablenken... Die zahlreichen Gedenksteine entlang der Route erinnerten aber daran, dass nicht jeder so viel Glück bei solchen oder ähnlichen Fahrmanövern gehabt hatte wie wir.

Irgendwo zwischen Fushë Arrez und Rrëshen machten wir kurz Pause in einer Gaststätte am Wegesrand. Ich besaß noch kein Lekë, die Landeswährung, so dass ich auf eine Mahlzeit verzichtete, obwohl ich Hunger hatte. Meine freundlichen Mitreisenden boten mir aber von ihrem Essen etwas an, und ich nahm es dankbar entgegen. Im Gegenzug bot ich einige Süßigkeiten und Getränke an, als wir wieder im Wagen saßen. In Kukës war zudem eine junge Frau zugestiegen, die sehr gut Englisch sprach, mit der ich mich ausführlich unterhalten konnte.

Irgendwann kamen wir aus den Bergen heraus und ich traute meinen Augen nicht. Entlang des tiefblauen Flusses, der sich durch ein weites Tal wohl bis zum Meer hin schlängelte, fuhren wir nun über eine frisch asphaltierte Straße bester Qualität. Was für ein Unterschied zu der Schotterpiste in den Bergen!

Besonders eindrucksvoll war eine große, historische Brücke, deren massive Stahlkonstruktion das breite Flusstal überspannt: die König-Zogu-Brücke. Einst, vor fast siebzig Jahren, sollte sie beispielhaft sein für den künftigen Brückenbau in Albanien, doch die italienische Invasion setzte auch diesem Vorhaben ein jähes Ende.

Unser weiterer Weg führte nun über das Fushë Krujë direkt nach Tiranë. Die Straße war bis dorthin in gutem Zustand.

Mein erster Eindruck von Tiranë war ernüchternd: hässliche, teils unfertige Betonklötze wuchsen in den Himmel. Das war das erste, was ich von Albaniens Hauptstadt sah. Auch was dahinter kam, machte eher einen tristen Eindruck. Ziemlich rasch gelangten wir ins Zentrum, wo der Fahrer seinen Kleinbus in irgendeinem nicht befestigten Hinterhof parkte. Kinder spielten dort, die sofort herankamen und mich aufmerksam beobachteten. Der Fahrer sagte, das wir aussteigen sollten. Zunächst ärgerte ich mich, weil dies offenkundig nicht der Skanderbeg-Platz war. Ich nahm meine Tasche aus dem Wagen und wartete. Aber ich brauchte nicht zu fragen, denn der Fahrer nahm mich sofort bei der Hand und führte mich durch eine schmale Gasse aus dem Hinterhof hinaus und ich stand – mitten auf dem Skanderbeg-Platz. Ich bedankte mich und zahlte ihm die zwanzig Euro, dann verabschiedete er sich.

Da stand ich nun, mitten im Herzen von Tiranë. Ich ging hinüber zu der zentralen Skanderbeg-Statue, wo mich mein Gastvater um 17 Uhr in Empfang nehmen wollte, also in gut einer Stunde. Ein guter Freund hatte mir eine Gastfamilie in Tiranë vermittelt, die mir auch die Stadt und die Umgebung zeigen sollte.

Ich schaute mich um, überwältigt von den Eindrücken der Fahrt und dem, was mich nun umgab: das große „Tirana International Hotel", der pompöse kommunistische Kulturpalast, das mit einem patriotischen Heldenbild verzierte Nationalmuseum, die Süleimann-Pascha-Moschee und die Skanderbeg-Statue. Die Wartezeit nutzte ich, um zu Hause und im Feldlager Prizren anzurufen, damit keiner sich Sorgen machte. In einem internationalen Buchladen am Platz tauschte ich zu diesem Zweck erste Lekë ein und kaufte eine Telefonkarte.

„Heroldi?!", rief mir plötzlich jemand zu (zur ‚Betonung' wird männlichen Namen im Albanischen stets ein »i« angehängt). Ich drehte mich um und sah zwei Männer und eine Frau mittleren Alters, die auf mich zukamen. „Po" (Ja), antwortete ich und da wurde ich schon herzlich in den Arm genommen und begrüßt. Gjon und Drita hießen meine Gastgeber, der zweite Mann hieß Vehbi, war Kosovare und ebenfalls zu Besuch in Tiranë.

Sie brachten mich zu ihrem Auto, einem recht komfortablen Geländewagen, und dann zu sich nach Hause. Die meisten Verkehrsstraßen in Tiranë sind asphaltiert, in den Wohnvierteln allerdings ist das nicht der Fall.

Gjon und Drita wohnen in einer netten Dreizimmerwohnung, die gemütlich und geschmackvoll eingerichtet ist, auch wenn sie unserem verwöhnten Standard nicht in allen Punkten gerecht werden mag. Aber ein Fernseher, eine Waschmaschine und sogar ein Computer sind vorhanden und vieles andere, was man nicht unbedingt in einem albanischen Haushalt erwarten würde – zumindest bevor man als Westeuropäer tatsächlich einmal einen albanischen Haushalt gesehen hat. Aber so manche verzerrte Vorstellung, die ich von Kosova und Albanien hatte, ist in den fünf Monaten korrigiert worden, die ich im albanischen Kulturraum verbracht habe.

Kurz nachdem ich meine Sachen abgelegt hatte, brachen wir schon wieder auf. Wir fuhren quer durch die Stadt, vorbei an der schwer bewachten, ummauerten amerikanischen Botschaft, dann einen Hügel hinauf, zu einem schön gelegenen Restaurant. Die Temperaturen waren sehr angenehm, obwohl es schon dunkel war – mediterranes Klima eben. Wir setzten uns auf eine der kreisförmigen Terrassen, die über einen steilen Abhang hinausragten, umgeben von Fackeln. Das Essen war hervorragend und schon am ersten Abend verlor ich somit meine Bedenken gegenüber der albanischen Küche, die mir im Übrigen stets gemundet hat und durchweg gut bekommen ist.

In den folgenden Tagen lernte ich Tiranë kennen. Gjon spricht etwas Deutsch und Englisch, so dass wir uns verständigen konnten. Ich profitierte von seinem didaktischen Feingefühl beim Vertiefen meiner Kenntnisse des Albanischen. Tiranë ist eine faszinierende, westlich orientierte Stadt. Die Prachtbauten der Hoxha-Zeit entlang des breiten, baumbestandenen ‚Bulevardi i Dëshmorët e Kombit' wirken zum Teil futuristisch, vor allem die sogenannte Pyramide. Bis 1991 befand sich darin das Enver-Hoxha-Museum, heute ist dort ein Handels- und Kulturzentrum. Der Boulevard beginnt am Skanderbeg-Platz und endet in der Nähe des Gardehauptquartiers, das wiederum an den größten städtischen Park mit einem ausgedehnten See grenzt. Im Zentrum der Stadt befinden sich auch alle wichtigen Ministerien und der Präsidentenpalast.

Wenn ich allein unterwegs war, dann schaute ich viel nach Büchern, besonders Hoxha-Schriften, die aber gar nicht so leicht auf Englisch oder Deutsch zu bekommen waren. Einmal erwarb ich einen Bildband über Hoxha, den Drita interessiert durchblätterte; bevor sie mir das Buch zurückgab, küsste sie noch ein Portrait des Diktators und seufzte „Oh, Enver!". Etwas skurril wirkte diese Szene schon auf mich, aber auch sehr aufschlussreich.

Neben Büchern kaufte ich mir außerdem ein Paar Halbschuhe, um endlich die Turnschuhe nicht weiter tragen zu müssen. Ab und zu ging ich auch in ein Internet-Café, um E-Mails abzurufen und zu verschicken. Ich genoss es einfach, mich nach vier Monaten endlich wieder frei und unabhängig bewegen zu können. (Für alle, die ich nach meinem Einsatz noch einmal gesprochen habe, war dies ebenso eines der intensivsten Erlebnisse der ersten Tage daheim.)

Wenn ich mit Gjon und Drita unterwegs war, dann führten sie mich zu den Sehenswürdigkeiten der Stadt und Gjon erklärte mir viel dazu. Besonders eindrucksvoll waren für mich das Nationalmuseum und die historische Festung Petrela. Diese massive Burganlage aus Skanderbegs Zeiten liegt einige Kilometer außerhalb der Stadt auf einem hohen Berg. Einen besonderen Eindruck hinterließen bei mir die vielen bunten Häuser in Tiranë, meist rot und gelb gestrichen. Sie sind Teil eines Projektes zur Verschönerung des Stadtbildes, initiiert vom äußerst populären Bürgermeister Edi Rama. Allerdings stehen sie in krassem Gegensatz zu den Fassaden vieler Wohnhäuser außerhalb des Stadtzentrums, die oft in schlechtem Zustand sind. Das Gleiche gilt für die Straßen. Die fantastische Aussicht vom Berg Dajt, der Tiranë überragt, verwischt aber diesen Kontrast. Dort oben merkt man erst, dass die Stadt vollständig von Bergen umgeben ist und in einem großen, saftig grünen Tal liegt. Gjon deutete nach Westen und sagte, dort, hinter jenen Bergkuppen, sei das Adriatische Meer. Auf dem Rückweg füllten wir an einer Quelle noch einige Plastikkanister mit frischem Wasser, das Drita zum Kochen benutzte (und sie kocht verdammt gut!). Das Leitungswasser in Tiranë ist von keiner guten Qualität.

Auf meinen Wunsch hin machten wir einige Ausflüge. Ich sehnte mich nach der Küste und dem Meer. Erstes Ziel war deshalb am 12. März die nahegelegene Hafenstadt Durrës. Bei schönstem Sonnenschein flanierten wir am Strand*, dann die Küstenpromenade entlang. In einem der zahlreichen Cafés genoss ich einen türkischen Kaffee, der unter den Palmen von Durrës noch besser schmeckte als in der Altstadt von Prizren. Nur die allgegenwärtigen Bunker störten die ansonsten herrliche mediterrane Atmosphäre. Unter historischen Aspekten betrachtet war für mich das gewaltige Amphitheater aus römischer Zeit am interessantesten. Immerhin gilt es als das größte erhaltene auf dem Balkan. Eine freundliche ältere Dame führte uns herum und erklärte allerhand in schneller Folge, so dass Gjon Mühe hatte, mir alles zu übersetzen. Die Stadt Durrës an sich gefiel mir besser als Tiranë; sie hatte einfach einen Hauch jenes mediterranen Flairs, wie es italienische und griechische Küstenstädte haben.

Ein weiterer Ausflug zwei Tage später führte nach Krujë, der Hauptstadt Skanderbegs. Es war mir ein Herzenswunsch, diesen Ort und seine historischen Überreste zu besichtigen. In Kosova hatte ich begonnen, mich intensiver mit der Geschichte des Türkenkriegers und albanischen Volkshelden Skanderbeg zu beschäftigen, und ich wollte nicht die Gelegenheit verpassen, mir einen Eindruck von dieser wichtigen Stätte seines Handelns zu verschaffen. Die Stadt liegt weit oben am Hang eines das Fushë Krujë überragenden Berges. Die historische Festung oder viel-

---

* Ein Teil des Strandes war militärisches Sperrgebiet und gehört zum Hauptquartier der „KFOR Communication Zone West“ (COMMZ-West). Der Hafen von Durrës und der Flughafen in Tirana (Rinas Airport) könnten zukünftig als alternative Nachschubbasis für die in Kosova stationierten NATO-Truppen dienen, falls Mazedonien dafür zu gefährlich würde. Die Route von Durrës nach Prizren, über die ich nach Tirana gefahren bin, wird für diesen Zweck von der KFOR ausgebaut.

mehr das, was von ihr übrig ist, thront auf einem gewaltigen Felsen am Stadtrand. Besonders eindrucksvoll war das aufwendig und liebevoll gestaltete Skanderbeg-Museum. Von seiner Terrasse aus hatten wir eine herrliche Sicht über die historische Anlage, die moderne Stadt und die weite, vor uns liegende Ebene. Zwei Freunde der Familie begleiteten uns auf diesem Ausflug: Fatmir, der ausgezeichnet Englisch, und Melissa, die sehr gut Deutsch sprach. Auf dem Rückweg versäumte ich es natürlich nicht, noch einen Blick auf die Skanderbeg-Statue zu werfen, welche Vorbild war für jene, die vor wenigen Monaten in Prishtinë aufgestellt worden ist. Dieser Tag war wirklich ein tolles Erlebnis!

Ein letzter Ausflug am 17. März nach Rrëshen, das ich schon von Prizren kommend passiert hatte, zu Gjons Familie rundete das Programm ab. Ich wurde herzlich empfangen und lernte alle seine Geschwister, deren Kinder und auch seine Mutter kennen. Wir tranken Tee und aßen gemeinsam. Ich unterhielt mich die meiste Zeit mit Gjons jüngerem Bruder Kola, der einige Jahre in Deutschland gearbeitet hat und daher sehr gut Deutsch spricht.

Vieles könnte ich noch erzählen, denn vieles habe ich in diesen zwei Wochen erlebt und erfahren. Ich möchte es aber hier bei einigen abschließenden, allgemeinen Eindrücken belassen, um den Rahmen dieses Berichtes nicht zu sprengen.

Begeistert hat mich die großartige Gastfreundschaft, für die ich mich an dieser Stelle ausdrücklich bei Gjon und Drita und bei all ihren Freunden, die ich kennen lernen durfte, bedanken möchte. Unvergesslich wird mir auch Gjons permanente Empfehlung sein: „Albanisch woman is good for you!“

Die Kaffeehauskultur in Albanien erschien mir noch ausgeprägter als in Kosova. Wir waren täglich mehrfach in verschiedenen Cafés und trafen dort ab und zu Freunde von Gjon. Auf diese Weise lernte ich viele interessante Menschen kennen und bekam Einblicke in ihr Alltagsleben. Auch das Nachtleben in Tiranë möchte ich nicht unerwähnt lassen. An mehreren Abenden war ich in discoähnlichen Pubs und Jugendcafés, wo ich überall herzlich aufgenommen wurde. Den Weg zurück durch die nächtliche Stadt empfand ich nicht als sehr gefährlich, weil viel Polizei patrouillierte. Dass diese im Übrigen nicht nur für das Wohlergehen der Bürger, sondern dass viele Polizisten auch für ihr eigenes Wohlergehen im Dienst sorgen, davon konnte ich mich auf der Hin- und Rückfahrt durch die Berge überzeugen. Bei den diversen Kontrollen wechselte die eine oder andere Zigarettenschachtel oder ähnliches den Besitzer, so dass wir unbehelligt weiter fahren konnten.

Wie in Kosova gab es auch viel Staub, (gelegentliche) Stromausfälle und häufige Müllverbrennung und -entsorgung am Wegesrand.

Insgesamt sind meine Eindrücke von Albanien aber sehr positiv und ich werde sicher nicht zum letzten Mal dort gewesen sein!

Am letzten Tag vor meiner Abreise hatte ich schließlich noch das Glück, Sokol Hoxha zu treffen, den ältesten Sohn des ehemaligen Diktators Enver Hoxha. Heute führt er einen großen Computerladen im Zentrum Tiranës. Er spricht hervorragend Englisch, so dass ich mich gut und ausführlich mit ihm unterhalten konnte. Abschließend signierte er mir noch ein Buch über ‚Leben und Werk' seines Vaters, das ich in einem der zahlreichen Buchläden ausfindig gemacht hatte.

Am 19. März trat ich schließlich meine Rückreise an. Gerne wäre ich länger geblieben, aber die Pflicht rief!

Hilfe für Halbwaisenkinder

Wenige Tage nach meiner Rückkehr aus Albanien wurde ich vom Presse- und Informationszentrum (PIZ) gebeten, eine Hilfsaktion als Photograph zu begleiten. Ich hatte von Anfang an einen guten Draht zu den Kameraden vom PIZ entwickelt und bereits bei einigen Recherchen für die Feldlagerzeitung „Maz & More“ erfolgreich mit ihnen zusammengearbeitet.

Die Hilfsaktion galt einer Schule in der Nähe von Krushë e Vogël, in der viele Halbwaisenkinder unterrichtet werden. Ihre Väter sind bei einem Massaker während des Krieges ermordet worden.

Recht früh am Morgen des 22. März sammelten sich sieben Soldaten und ein Sprachmittler vor dem Stabsgebäude und bekamen letzte Anweisungen vom Leiter der Aktion. Dann stiegen wir in die bereitgestellten Fahrzeuge, einen VW-Bus und einen Lkw, und fuhren los. Die Koordination oblag dem PIZ und der Abteilung „Lachen Helfen“ des CIMIC-Verbandes.

Als wir das Schulgelände erreicht hatten, begannen wir sofort mit dem Entladen des Lkws. Während sich unser Leiter mit der Direktorin verständigte, bauten wir diverse Tische u-förmig auf dem Schulhof auf. Aus dem tristen Schulgebäude drangen viele aufgeregte Kinder hinaus und betrachteten mit staunenden Augen, was wir alles aus dem Lkw herausholten und auf den Tischen ausbreiteten: Spiele, Stofftiere, Schulranzen, Puzzles und sogar Fahrräder waren dabei. Es waren zumeist Spenden deutscher Soldatenfamilien. Schon während der Aufbauarbeiten begann ich, mit meiner Spiegelreflex- und Digitalkamera zu photographieren.

Mit Hilfe des Sprachmittlers und der Direktorin erklärte unser Leiter den etwa vierzig Kindern, warum wir dort waren und was wir vorhatten. Inzwischen war das Spielzeug auf allen Tischen verteilt und ein Glücksrad aufgestellt worden. Nun durften die Kinder der Reihe nach dieses Glücksrad drehen und sich dann ein entsprechend gekennzeichnetes Spielzeug aussuchen. Das ließen sie sich natürlich nicht zweimal sagen!

Was mich erstaunte, war die ungeheure Geduld und, ja, Disziplin der sechs- bis zehnjährigen Kinder. Sie stellten sich brav in einer Reihe hintereinander auf und warteten, bis sie dran waren. Jedes Kind bekam nach dem Drehen des Glückrades auch ein Täfelchen Schokolade, das alle ebenso mit strahlenden Augen entgegennahmen wie das Spielzeug. Die Stimmung war ausgelassen und fröhlich. Überall spielten die Jungen und Mädchen mit ihrem neuen Spielzeug, zeigten und tauschten es untereinander. Es waren sehr schöne Momente, die ich dort erlebt habe. Selten habe ich so glückliche Kinderaugen gesehen in diesem gebeutelten Land.

Plötzlich bemerkte ich zwei Frauen, verhüllt mit Kopftüchern, die auf den Schulhof kamen; zwei Jungs und zwei Mädchen liefen gleich lebhaft auf sie zu, mit ihrem Spielzeug in den Händen. Sie nahmen ihre Kleinen in die Arme und drückten sie fest. Ich ging zu ihnen hinüber, wollte die Szene photographieren. Da schauten mich die beiden Mütter mit dankerfülltem Blick an und ich sah die Tränen, die ihre Wangen hinunterliefen. Ich war tief berührt von diesem Anblick.

Nachdem alle Kinder das Glücksrad gedreht hatten und das Spielzeug verteilt worden war, bedankte sich die Direktorin im Namen der Kinder, ihrer Familien und der Schule für die Hilfsaktion. „Heute ist ein wunderschöner Tag für uns alle, besonders für die Kinder“, sagte sie mit bewegter Stimme.

Bevor wir allerdings ins Feldlager zurückfuhren, übergaben wir noch zahlreiche Kartons mit Ausbildungsmitteln und Kleidung an die Schule, die ebenfalls von Soldatenfamilien gespendet worden waren.

Da überall Verpackungen und das Papier der Schokoladentäfelchen herumlag, nahm ein Offizier spontan einen leeren Karton und begann, den Müll aufzusammeln. Zunächst schauten ihn die Kinder verdutzt an. Aber das Signal zeigte Wirkung, es dauerte nicht lange, da halfen die Kinder und die Soldaten gemeinsam, den überall verstreuten Müll vom Schulgelände wegzuräumen. Ich half ebenfalls mit und photographierte dabei, so gut es ging.

Die Tische waren schnell verstaut. Ich führte noch ein kurzes Gespräch mit der Direktorin, um dem PIZ noch ein paar zusätzliche Informationen zu den Photos liefern zu können. Die Hilfsaktion war ein voller Erfolg, zufrieden begaben wir uns zurück ins Feldlager.

Daheim bei Adem Jashari

Viel habe ich in Kosova gesehen und erlebt in jenen fünf Monaten von November 2001 bis April 2002. Zweierlei jedoch, was mir von Beginn an am Herzen lag, das hatte sich kurz vor meinem Rückflug am 5. April noch nicht erfüllt: nach Mitrovicë und zum Jashari-Haus nach Prekaz i Poshtëm zu gelangen. Wenigstens nach Prekaz sollte ich noch kommen.

Wenige Tage nach meinem 23. Geburtstag, am 29. März, ergab sich für mich die Möglichkeit österreichische und russische Kameraden zu einem Meeting in einem norwegischen Feldlager bei Gllogoc (westlich von Prishtinë) zu begleiten. Anschließend, so war es im Vorfeld abgesprochen worden, wollten wir dann gemeinsam ins nahegelegene Prekaz i Poshtëm (nordöstlich von Skenderaj) zum Jashari-Haus fahren.

Der Weg von Prizren über Malishevë, wo wir die Russen aufnahmen, bis nach Gllogoc führte uns über zumeist von der KFOR asphaltierte Straßen. Die anschließende Route von Gllogoc nach Prekaz i Poshtëm hingegen war ein sehr holpriger Feldweg, quer durch das Hügelland von Drenicë. Durchgerüttelt erreichten wir schließlich am frühen Nachmittag die Gedenkstätte.

Erster Halt waren die eingerüsteten und überdachten Ruinen eines Hauses der Jashari-Familie. Am vorderen Giebel des neuen Daches flatterte eine ‚kosovarische' Fahne. Vor den Trümmern stand ein Gedenkstein für die an diesem Ort im März 1998 Gefallenen, darunter allein zwölf Angehörige der

Jashari-Familie. Die tragenden Wände im Haus selbst waren stehen geblieben, die Außenmauern aber zerschossen und größtenteils zusammengebrochen. Überall waren Einschusslöcher zu sehen. Auch im Innern des Hauses war nichts verschont geblieben. Das Gerüst umfasste das ganze Gebäude, so dass man rundherum gehen und in alle Räume durch die zerstörten Außenmauern blicken konnte. Hier lag Geschirr, dort war ein zerschmettertes Waschbecken, verkohlte Dachbalken lagen in allen Räumen und im Keller ragten noch Motorradteile aus den Trümmern heraus. Es war ein gespenstiger Anblick.

Wenige hundert Meter entfernt, auf einem kleinen Hügel, lag ein weiterer Gebäudekomplex, ebenso eingerüstet und schwer beschädigt. Auch hier wehten ‚kosovarische' Fahnen über dem Denkmal. Drei Gebäude umfasste dieser Komplex, zwei Wohnhäuser und eine Art steinernen Schuppen. Es war das Gehöft des schon fast legendären Gründers und ersten Kommandanten der UÇK, Adem Shaban Jashari.

Wer war dieser Mann, nach dem heute Straßen und Plätze in ganz Kosova benannt sind und der in vielen Liedern besungen wird? Wer war dieser Mann, der in Kosova vom Kriegs- zum Volkshelden avanciert ist? Die brauchbare Literatur zu diesem Thema ist noch immer dürftig. Deshalb füge ich an dieser Stelle einen kurzen biographischen Abriss über Adem Jashari bei, zumal er dem deutschen Leser wenig bekannt sein dürfte.

Adem Shaban Jashari wurde am 28. November 1955* als eines von vierzehn Kindern in Prekaz i Poshtëm geboren, von denen aber nur acht überlebten. Sein Vater, Shaban Jashari, und andere Familienmitglieder hatten 1945 im Polluzha-Aufstand gegen Titos Partisanen gekämpft. Die Region Drenicë war das Zentrum dieses Aufstandes. Adem Jashari absolvierte die technische Mittelschule und entwickelte offenbar schon früh eine Affinität zu Waffen und zur Rockerbewegung. Als sein enger Freund Tahir Meha während der Unruhen im April 1981 von serbischen Polizisten getötet wurde, schürte dies seinen Hass gegen das Regime. In den 80er Jahren engagierte er sich an Protestaktionen und verteilte illegal Flugblätter, die zum Aufstand gegen die serbische Obrigkeit aufriefen.

Die Lage der Kosovo-Albaner verschlechterte sich massiv nach der Wegnahme der Autonomie durch Milošević 1989. Nur wenige Monate später begann Jashari mit der Aufstellung von kleinen Kampfgruppen in seiner Heimat, der Drenicë-Region. 1991 wurde er dafür einige Monate von der albanischen Armee in Labinot bei Elbasan ausgebildet. Im Dezember des gleichen Jahres, nach diversen Aktionen seiner Kampfgruppen in Drenicë und anderen Regionen Kosovas, belagerten serbische Polizeikräfte erstmals sein Gehöft. Es gelang ihm und einigen Mitkämpfern jedoch, den Belagerungsring zu durchbrechen und zu entkommen.

---

* Die besondere Bedeutung des 28. November für das albanische Volk wird im vierten Kapitel dargestellt. Dieser Umstand verstärkt Jasharis Mythos und wird heute von vielen Kosovo-Albanern als Vorzeichen betrachtet.

In den darauf folgenden Jahren intensivierte Jashari seine Vorbereitungen für die ‚Befreiung' Kosovas. Im Rahmen eines Begräbnisses eines von serbischen Polizisten getöteten kosovo-albanischen Lehrers trat die Kosova-Befreiungsarmee UÇK Ende November 1997 erstmals öffentlich auf. Es war der Beginn zahlreicher Aktionen gegen das Regime, besonders in der Drenicë-Region. Es war der Beginn des Kosovo-Krieges. Im Januar des nächsten Jahres belagerte die serbische Polizei erneut das Anwesen Jasharis – er war jedoch nicht dort. Das Drenicë-Gebiet wurde bereits in weiten Teilen von der UÇK kontrolliert, die sich weiterhin heftige Gefechte mit den serbischen Sicherheitskräften lieferte.

Am 5. März 1998 wurde Jasharis Anwesen erneut umstellt – diesmal nicht nur von Polizei-, sondern auch von Armeeeinheiten. Schwere Waffen wurden aufgefahren, Panzerwagen und Granatwerfer. Adem Jashari saß in der Falle – und mit ihm 21 Familienmitglieder. Verzweifelt wehrten sie sich mit Gewehren, Handgranaten und einem Maschinengewehr. Drei Tage währte der Kampf. Drei Tage, die Adem Jashari zum Märtyrer, die ihn zur Legende machten. Am Ende dieser Schlacht überlebte einzig seine 11jährige Tochter Besarta. Im Verlauf des Kosovo-Krieges wurden insgesamt 53 Mitglieder der Jashari-Familie getötet.

Der Ort des Kampfes in Prekaz i Poshtëm ist heute beinahe ein Wallfahrtsort in Kosova geworden. Neben den schwer beschädigten, eingerüsteten Häusern fielen mir zunächst ein Postamt und ein Souvenir-Shop auf, die auf dem Gelände errichtet worden sind, außerdem eine überdimensionale Büste Adem Jasharis aus weißem Marmor.

Die Gebäude sind übersät mit Spuren des Kampfes: Hunderte Einschusslöcher, kleinere und größere, herausgebrochene Mauerstücke, Trümmer verteilen sich rundherum. Die Dachstühle sind zusammengebrochen, die oberen Etagen des linken, des Haupthauses sind durch eine Feuersbrunst verwüstet. In die Innenwände beider Häuser sind zahlreiche Namen eingeritzt. Noch vor wenigen Monaten wurden Besucher durch die Ruinen geführt, heute kann man diese nur noch von den Gerüsten aus betrachten, die sich die drei Etagen nach oben winden. Vor dem Kamin des Haupthauses prangt eine ‚kosovarische' Fahne, die durchlöcherte Satellitenschüssel hängt noch am Balkon. An einer Ecke des rechten Gebäudes liegt ein zermalmter Traktor. Der Eingang des Anbaus, des steinernen Schuppens, wird durch ein davor aufgestelltes, zersiebtes Metalltor versperrt. Auch hier, wo man hinblickt, liegen zertrümmerte Dachziegel und abgesprengte Mauerreste herum. An diesem Ort also wurde vor fast zwölf Jahren die UÇK gegründet, an diesem Ort also fiel im März 1998 ihr Gründer und erster Kommandant Adem Jashari.

Ein weiterer Teil der Gedenkstätte ist der Heldenfriedhof, der allerdings etwas abseits liegt. Ein grob zusammengezimmerter Holzsteg führt über eine sumpfige Wiese hin zu den Gräbern. Der Eingang des umzäunten Feldes ist flankiert von ‚kosovarischen' Fahnen und einer Ehrenwache der TMK. In drei Reihen liegen hier die getöteten Mitglieder der Jashari-Familie – dutzende Gräber, bedeckt mit traditionellen Kränzen aus Tannenzweigen und Kunstblumen. Das Grab Adem Jasharis ist das erste, auf das man zuläuft. „Adem Shaban Jashari 1955-1998" – mehr steht nicht auf dem schlichten

Pfahl, der fast überwuchert wird von den vielen Kränzen.

Dieses Grabfeld und der Gebäudekomplex sind das wichtigste Ehrenmal der UÇK in Kosova, derer es zahlreiche gibt im ganzen Land. Doch so wenig diese Gedenkstätte des Befreiungskrieges ihre endgültige Form erlangt hat, so wenig geformt ist auch noch das junge Kosova.

Wieder zu Hause

In den frühen Morgenstunden des 5. April verließ ich mit einem Konvoi das Feldlager Prizren in Richtung Flughafen Skopje. Am späten Nachmittag desselben Tages landete ich schließlich mit einem Airbus der Luftwaffe in Köln-Wahn. Wenige Tage später wurde ich ausgekleidet und formell entlassen. Damit endeten mein Kosova-Einsatz und meine Wehrübung.

Bereits zehn Tage nach meiner Rückkehr begann das Sommersemester 2002. Planmäßig nahm ich mein Studium der Geschichte und Medienwissenschaft an der Heinrich-Heine-Universität zu Düsseldorf wieder auf. Die Umstellung war gewaltig, aber sie gelang mir gut. Im Rahmen eines Hauptseminars zum „Stalinismus in Ostmittel- und Südosteuropa" beschäftigte ich mich mit der Kosovo-Problematik in jener Zeit und vertiefte meine Kenntnisse.

Die emotionale Umstellung dauerte natürlich etwas länger. Fünf Monate in einem Feldlager, getrennt von Familie und Freunden, ohne Zärtlichkeit und Nähe, ohne wirklich frei zu sein, dass sind Erfahrungen, die verarbeitet werden müssen und es sind derer noch viele mehr. Jeder, der einen solchen Einsatz einmal mitgemacht hat, wird das sehr gut nachempfinden können.

Für mich persönlich waren diese fünf Monate von großer Wichtigkeit. Ich bin überzeugt, dass mir viele der Erfahrungen und Erlebnisse wichtige Impulse für die Zukunft gebracht haben und noch bringen werden.

Ich möchte aber jedem raten, der überlegt, sich freiwillig zu einem solchen Einsatz zu melden, sehr genau zu prüfen, was er wirklich will. Wen nur das vermeintlich viele Geld lockt, der sei gewarnt. Es ist hart verdient. Die entscheidenden Motive sollten tiefgründiger sein. Wer nur seine Tage abreißt, der wird sich in Frust verlieren und (vielleicht früher als er vorher dachte) tief betrübt nach Hause zurückkehren. Ich kenne nicht wenige, denen es so ergangen ist, die diese Zeit verloren nennen. Das ist bitter und traurig.

Ein solcher Einsatz ist ohne Frage eine große persönliche Herausforderung für jeden einzelnen Soldaten. Für die Menschen im Lande aber, sei es nun in Kosova, in Bosnien und Herzegowina, in Mazedonien, in Afghanistan oder wo auch immer, bedeutet die Präsenz der Streitkräfte Stabilität und Sicherheit, bedeutet sie Frieden. Dafür gilt es einzutreten!

Das nachfolgende Kapitel war die Grundlage für einen Vortrag, den ich vor kurzem in privatem Rahmen gehalten habe. Aufgrund der äußerst positiven Resonanz und angesichts der rückblickenden Perspektive habe ich mich entschlossen, diese Ausführungen meinem Buch ergänzend anzufügen.

Köln, im Juli 2003.

Ein etwas anderer Rückblick oder Alltagsleben im Feldlager Prizren

Ich sehe in nachdenkliche und traurige, ja in versteinerte Gesichter. Hunderte von Soldaten stehen Spalier, die Straße hinunter, bis zum Wachposten am Feldlagerausgang. Langsam zieht die Trauerprozession an mir vorüber. An der Spitze blutjunge Soldaten wie ich mit einem Bild des toten Kameraden und dessen Einsatzmedaillen, postum verliehen. Soldaten aus der Kompanie des Getöteten flankieren den LKW, auf dem der Sarg aufgebahrt ist, bedeckt, wie es Brauch ist, mit der deutschen Flagge und einem Trauerkranz.

Die Gemüter sind bewegt – es war ein Schusswaffenunfall, der jeden hätte treffen können. Das weckt die immer wieder verdrängten Ängste und Befürchtungen. Sicher, die Lage hier ist im Augenblick ruhig, aber gegen die Autounfälle, Hubschrauberabstürze, Schusswaffen- und Minenunfälle ist keiner gefeit.

Wie jeder Soldat bin auch ich auf die Gefahren vorbereitet worden, die ein solcher Einsatz mit sich bringt. Dieser Unfall ruft sie mir und meinen Kameraden auf schmerzliche Weise zurück ins Bewusstsein. Auch wenn ich den toten Kameraden nicht persönlich gekannt habe, bin ich den Tränen nahe. Gerade einmal 21 Jahre war er alt, nur wenige Monate jünger als ich selbst.

Wenige Wochen vor diesem Unfall, in den ersten Novembertagen des Jahres 2001, war ich zur KFOR gekommen, als Redakteuroffizier für das Bataillon „Operative Information“. Fünf Monate wollte ich bleiben und für das albanischsprachige Magazin „Dritarja“ recherchieren und Artikel verfassen, das von der deutschen KFOR redigiert und kostenlos an die Bevölkerung im deutschen Sektor Kosovas verteilt wurde. Das Magazin war sehr beliebt, trotz des immer breiteren Angebots von einheimischen Zeitungen und Zeitschriften. Besonders beliebt war das Papier der „Dritarja“, das die örtlichen Maronenhändler Seite für Seite zu handlichen Maronentüten falteten. „Das Papier ist dafür einfach das beste am Ort“, versicherte mir einer der Händler im Zentrum von Prizren. Bei dem Gedanken muss ich innerlich lachen, und doch ist er auch beispielhaft für den Pragmatismus vieler Kosovaren.

Noch heute, nach über einem Jahr, denke ich gerne an dieses Land und seine Menschen zurück. Einige sind meine Freunde geworden, zu denen ich bis heute Kontakt halte.

Das Alltagsleben hingegen, das mich fünf Monate prägte, ist mir in weniger guter Erinnerung geblieben. Eigentlich sind fünf Monate eine nicht allzu lange Zeit, aber dieser dritte Aufenthalt fern der Heimat zog sich in die Länge, im Gegensatz zu den beiden Seefahrten während meiner Grundwehrdienstzeit bei der Marine.

Es lag nicht daran, dass jemand auf mich wartete, und es fehlte mir auch nicht der Elan. Es lag einfach an dem öden Feldlagerleben. Fünf Monate lang waren mein Lebensmittelpunkt Fertighütten und Zelte, zusammengewürfelt mit Holzbaracken, Containern und drei steinernen Stabsgebäuden, umgeben von Stacheldrahtverhauen. Zerteilt wurde das an einem Hang am Stadtrand von Prizren gelegene Gelände durch ein paar asphaltierte Wege und zahlreiche Schotterpisten, die im Winter vereisten, bei Regen verschlammten und sich im Frühjahr buchstäblich in Staub auflösten.

Mit der Unterbringung hatte ich zwar Glück; ich musste die Wintermonate nicht im Zelt verbringen, was ziemlich unangenehm gewesen wäre, trotz der dort aufgestellten Heizlüfter. Ich hatte vom ersten Tag an mein Quartier in einem der Fertighäuser, in einer Viermannstube (nur zum Vergleich: bei der Marine war ich in einem Zwölfmanndeck untergebracht). Jeder hatte sein eigenes Bett und seinen eigenen Spind, es gab einen Tisch und Stühle, außerdem einen Fernseher, eine Musikanlage und einen Kühlschrank, was wir allerdings privat angeschafft hatten. Das war deutlich mehr und komfortabler, als ich erwartet hatte. Nur an den sanitären Einrichtungen hatte man gespart: mit drei Waschbecken, zwei Duschen, je zwei Toiletten und Pissoires für etwa zwanzig Mann auf der Etage war es vor allem morgens oftmals ziemlich eng.

Die „Freizeitmöglichkeiten“ waren auf den ersten Blick gar nicht so schlecht. So gab es unter anderem eine Sauna, und zwei Fitnesszelte, die dazu einluden, Sport zu machen, was einem aber der häufige Smog verleidete. Vor den wenigen Betreuungstelefonen, mit denen man gegen eine kleine Spende für KFOR-Hilfsprojekte nach Hause telefonieren konnte, war meistens eine lange Warteschlange, so dass man lieber wieder abdrehte. Beliebte „Highlights“ waren die sogenannten Betreuungsfahrten ins Umland, etwa in das Patriarchat von Peć oder das amerikanische „Camp Bondsteel“, und, nicht zu vergessen, Sonderveranstaltungen wie das Konzert der „No Angels“. Stark frequentiert waren auch die sieben verschiedenen Betreuungseinrichtungen, wo man tanzen, Billard spielen und Kaffee trinken oder sich einem reichhaltigen Spirituosenangebot hingeben konnte. Viel Zeit, um diese „Freizeitmöglichkeiten“ zu nutzen und somit dem eintönigen Feldlageralltag zu entfliehen, hatte man allerdings nicht. Zudem war immer und überall, außer beim Sport, Uniformzwang, inklusive der Tragepflicht von Waffe, Munition, Erste-Hilfe-Päckchen, usw. Schließlich war man Tag und Nacht in Bereitschaft, Dienstschluss gab es nicht.

Der freizügige Spirituosenausschank war eine Sache für sich. So hörte ich etwa manches Mal zu später Stunde männliche Urschreie, die über das nächtliche Prizren und das Feldlager schallten, vor allem in der Zeit des Kontingentwechsel mit seinen zahlreichen „Abflieger-Parties“. Das lag sowohl am Alkoholpegel als auch an der Heeres(un)sitte, nach erbrachter Leistung lautstark deren Abschluss kundzutun, beispielsweise das Absolvieren des Grundwehrdienstes oder eben eines Auslandseinsatzes in Kosova, und manchmal an beidem zusammen. Die Kosovaren jedenfalls revanchierten sich ihrerseits an Silvester mit einem fulminanten Kalaschnikow-Feuerwerk.

Die Mahlzeiten im Feldlager waren reichlich und – Lob an die Köche – auch sehr gut. Von wenigen Ausnahmen, etwa dem Brot, abgesehen, wurden alle Lebensmittel aus Deutschland eingeflogen. Morgens lockte ein großes Frühstücksangebot, das kaum etwas zu wünschen übrig ließ, mittags und abends gab es jeweils warme Küche. Da ich weder Lust hatte, bei der versmogten Luft Sport zu machen, noch mich volllaufen zu lassen, war neben meiner Arbeit und dem Lesen das Essen meine Hauptbeschäftigung – leider auch das Naschen von Süßigkeiten aus dem „Marketender-Laden“. Nach meiner Rückkehr aus Kosova wog ich geschlagene zwölf Kilo mehr als zuvor!

Doch schützten weder das gute Essen und Trunkenheit noch die Sport- und Betreuungsangebote gegen den Stress, den das Zusammenleben auf engstem Raum mit sich bringt, noch dazu unter Menschen unterschiedlichster Herkunft. Nicht jeder ist daran gewöhnt, Tag für Tag mit den selben Menschen zusammen zu arbeiten und zu leben, fast jeden Augenblick mit ihnen zu teilen, so dass an Privatsphäre letztlich allein die wenigen Minuten auf der Toilette bleiben.

Will sagen: So mancher war den generellen Belastungen des Einsatzes einfach nicht gewachsen. Viele waren in erster Linie wegen des vermeintlich guten Verdienstes nach Kosova gegangen. Aber schon nach wenigen Wochen merkten sie, dass sie sich gewaltig verrechnet hatten. Die Kameradschaft, so war mein Eindruck, litt zunehmend darunter, es vergiftete förmlich die Atmosphäre. Das war neu für mich, denn im Gegensatz dazu hatte ich bei der Marine erleben können, was wirkliche Kameradschaft ist – auch und gerade in belastenden Situationen.

Wie groß die Belastung bei sexuellen Entbehrungen sein kann, erfuhr ich auch hier erst und nicht schon bei den „blauen Jungs“. Denn während bei der Marine die Aussicht auf das baldige Anlaufen eines Hafens reicht, um sich bis dahin die sexuellen Bedürfnisse zu verkneifen, war für die meisten an ein Ausleben während des ganzen KFOR-Einsatzes nicht zu denken. Das Feldlager durfte nur zu dienstlichen Zwecken verlassen werden (inzwischen ist diese Regelung etwas gelockert worden) und „Fraternisation“ mit den einheimischen „Fräuleins“, um auf die Zeit nach dem Zweiten Weltkrieg in Deutschland anzuspielen, war strengstens untersagt. Dass dies auch eingehalten wurde, dafür sorgten die Feldjäger.

Als Redakteuroffizier hatte ich es natürlich gut, da ziemlich oft Recherchen außerhalb des Feldlagers angesetzt waren, so dass mir der Frust erträglich blieb. Ohne diese Bewegungsfreiheit, über die es meinerseits nichts zu prahlen gibt, hätte ich mich auch nicht für diese Wehrübung verpflichtet. Doch auch so schon kam mir das Feldlager wie ein Gefängnis vor.

Dass der Alltag im Feldlager keineswegs einfach werden würde, war mir von vornherein bewusst. Durch meine Zeit bei der Marine glaubte ich mich bestens gewappnet. Aber leider weit gefehlt – eine eingeschworene Besatzung auf einem Kriegsschiff ist etwas ganz anderes als ein zusammengewürfelter Haufen Soldaten im Auslandseinsatz, vor allem in Bezug auf die Kameradschaft. Fazit: das Alltagsleben im Feldlager war nicht schön. Es war anstrengend, arbeitsreich, stressig und voller Entbehrungen.

Also: wenn der Einsatz über seine Pufferwirkung hinaus Sinn machen soll, dann müssen die künftigen Einsätze für jeden Soldaten mit konstruktiven Aufgaben verbunden sein, wie es beispielsweise die Pioniere kennen oder wir von der „Operativen Information“.

Glossar

AAK	Allianz für die Zukunft Kosovas (Aleanca për Ardhmërinë e Kosovës)
Alb.	Albanisch
AOR	Area of Responsibility
AVG	Aufwandsvergütung
Blaue Residenz	Zerbombte Ruine eines jugoslawischen Armeegebäudes im Feldlager Prizren
BPK	Banking an Payment Authority of Kosova (eine Art Zentralbank, eingerichtet von der UNMIK)
Bristol	Splitterschutzweste
CIMIC	Civil and Military Cooperation
COMMZ-West	KFOR Communication Zone West
D-Mark	Deutsche Mark
„Dritarja“	Magazin der deutschen KFOR in albanischer Sprache, das in der MNB S kostenlos verteilt wird (*alb.* Fenster)

Gazimestan	Bezeichnung für das eigentliche Schlachtfeld von 1389 auf dem Amselfeld
Hammam	Türkisches Bad
HCIC	Humanitarian Community Information Centre
ID-Card	Identification-Card
KFOR	Kosovo Force
Kosovo Polje	Amselfeld
Kosmet	Kosovo und Metochien (Kosovo i Metohija)
LDK	Demokratische Liga Kosovas (Lidhija Demokratike e Kosovës)
MNB C	Multinational Brigade Center (britischer Sektor in Kosova)
MNB S	Multinational Brigade South (deutscher Sektor in Kosova)
NATO	North Atlantic Treaty Organisation
OSZE	Organisation für Sicherheit und Zusammenarbeit in Europa
PAA (PPSh)	Partei der Arbeit Albaniens (Partia e Punës e Shqipërisë)

PIZ	Presse- und Informationszentrum
Plis (*pl.* Plisa)	Traditioneller weißer Filzhut der Albaner, der seit dem Altertum von den Älteren getragen wird
PDK	Demokratische Partei Kosovas (Partia Demokratike e Kosovës)
Swisscoy	Swiss Company, das Schweizer Kontingent der KFOR
Teilgeladen	Das Magazin ist in die Waffe eingeführt
TMK	Kosovo-Schutz-Korps (Trupat e Mbrojtjes së Kosovë)
Türbe	Grabdenkmal türkischer Sultane
UNMIK	United Nations Interim Administration Mission In Kosovo
UNESCO	United Nations Educational, Scientific and Cultural Organisation
UÇK	Kosova-Befreiungsarmee (Ushtria Çlirimtare e Kosovës)
UNOCHA	United Nations Office for the Coordination of Humanitarian Affairs

Transkriptionstabelle kosovarischer (Orts)Bezeichnungen Albanisch-Serbisch

Albanische Bezeichnung	*Serbische Bezeichnung*
Bunarllëk	Bunarlek
Binçë	Binač
Deçan	Dečani
Dragash	Dragaš
Drenicë	Drenica
Duhël	Dulje
Fushë Kosovë	Kosovo Polje
Gazimestan	Gazimestan
Gjakovë	Đakovica
Gllogoc	Glogovac
Gorozhup	Gorožup
Graçanicë	Gračanica

Hoçë e Madhe	Velika Hoča
Koritnik	Koritnik
Kosova (Kosovë)	Kosovo i Metohija/ Kosmet
Kërk Bunar	Krk Bunar
Krushë e Vogël	Mala Kruša
Lipjan	Lipljan
Lumbardhi	Prizrenska Bistrica
Malishevë	Mališevo
Mitrovicë	Kosovska Mitrovica
Morinë	Morina
Nashec	Našec
Novak	Novake
Obiliq	Obilić
Pashtrik	Paštrik
Pejë	Peć
Planejë	Planeja

Poslishtë	Postlište
Prekaz i Poshtëm	Donje Prekaze
Prishtinë	Priština
Prizren	Prizren
Rahovec	Orahovac
Sharri-Gebirge	Šar-Gebirge
Shkozë	Škoza
Skenderaj	Srbica
Shtime	Štimlje
Stara Rekë	Stara Reka
Studenicë	Studenica
Suharekë (*auch:* Therandë)	Suva Reka
Vërmicë	Vrbnica
Verrat e Llukës	-
Viti	Vitina
Xërxë	Zrze
Zhur	Žur

Transkriptionstabelle kosovarischer (Orts)Bezeichnungen Serbisch-Albanisch

Serbische Bezeichnung	*Albanische Bezeichnung*
Bunarlek	Bunarllëk
Binač	Binçë
Đakovica	Gjakovë
Dečani	Deçan
Donje Prekaze	Prekaz i Poshtëm
Dragaš	Dragash
Drenica	Drenicë
Dulje	Duhël
Gazimestan	Gazimestan
Glogovac	Gllogoc
Gorožup	Gorozhup
Gračanica	Graçanicë

Koritnik	Koritnik
Kosovo i Metohija/ Kosmet	Kosova (Kosovë)
Kosovo Polje	Fushë Kosovë
Kosovska Mitrovica	Mitrovicë
Krk Bunar	Kërk Bunar
Lipljan	Lipjan
Mala Kruša	Krushë e Vogël
Mališevo	Malishevë
Morina	Morinë
Našec	Nashec
Novake	Novak
Obilić	Obiliq
Orahovac	Rahovec
Paštrik	Pashtrik
Peć	Pejë
Planeja	Planejë

Prizrenska Bistrica	Lumbardhi
Šar-Gebirge	Sharri-Gebirge
Srbica	Skenderaj
Stara Reka	Stara Rekë
Studenica	Studenicë
Postlište	Poslishtë
Priština	Prishtinë
Prizren	Prizren
Škoza	Shkozë
Štimlje	Shtime
Suva Reka	Suharekë (*auch:* Therandë)
Velika Hoča	Hoçë e Madhe
Vitina	Viti
Vrbnica	Vërmicë
Zrze	Xërxë
Žur	Zhur

Literaturhinweise und Hilfsmittel

Abdyli, Ramiz: Adem Jashari (1955-1998), in: Kosova. Historical/Political Review Nr. 8 (2000), S. 21-25.

Arrigoni, Mauro, *Broadbent*, Julie, *Valier*, Hannelore: Kosovo's Concerns. Voters' Voice, (OSCE Mission in Kosovo, Department of Democratisation) Priština 2001.

Balin, Begzad (Hrsg.): Pajtimi i Gjaqeve 1990 - 1991 [Die Aussöhnung des Blutes 1990 - 1991], Prishtinë 2001.

Bartl, Peter: Albanien. Vom Mittelalter bis zur Gegenwart, München 1995.

Basha, Egrem, *Elsie*, Robert, *Ismajl*, Rexhep (Hrsg.): Der Kanun. Das albanische Gewohnheitsrecht nach dem sogenannten Kanun des Lekë Dukagjini kodifiziert von Shjefën Gjeçovi, Pejë 2001.

Crucified Kosovo. Destroyed and Desecrated Serbian Orthodox Churches in Kosovo and Metohia (June-October 1999), hrsg. v. Media and Publishing Center of Raška and Prizren Orthodox Eparchy, 2., erweiterte Auflage, Raška u. Prizren 1999.

Feniksët e Lirisë. Dëshmorët e Ushtrisë Çlirimtare të Kosovës [Phönixe der Freiheit. Die Märtyrer der Kosova-Befreiungsarmee UÇK], hrsg. v. Verband der Kriegsveteranen der UÇK, Prishtinë 2001.

Halimi, Emin, *Shala*, Ajnishahe: The Jasharis. The story of a resistance, Prishtinë 2000.

Haskuka, Esat: Ura, Çarshia, Xhamia dhe Lagjja Arasta [Die Brücke, Straßenmarkt, Moschee und Arasta-Viertel], Prizren 1999.

Herold, Heiko: Aufmarsch in der Adria. Meine Erlebnisse bei der Marine vor und während des Kosovo-Krieges, Köln 2001.

Herold, Heiko: Mit der Fregatte RHEINLAND-PFALZ im Kosovo-Krieg, in: Köhlers Flottenkalender. Internationales Jahrbuch der Seefahrt 2003, hrsg. v. Hans J. Witthöft, Hamburg 2002, S. 209-213.

Hida, Rexhep, *Kekezi*, Harillaq (Hrsg.): What the Kosovars say and demand (Collection of studies, articles, interviews and commentaries), Bd. 3, Tirana 1991.

Judah, Tim: Kosovo. War and Revenge, New Haven u. London 2000.

Kosovo Atlas, hrsg. v. HCIC, UNOCHA u.a., 2. Auflage, Priština 2000.

Kosovo Encyclopedia (CD-ROM), hrsg. v. HCIC und UNOCHA, Prishtinë/Priština 2001 (die Informationen sind auch im Internet verfügbar: http://www.reliefweb.int/hcic [29.07.2002]).

Malcolm, Noel: Kosovo. A short history, London u. Basingstoke 1998.

Memorandum. Urgent Protection of Material Culture of Ancient Prizren, hrsg. v. Institute for the Protection of Cultural Monuments of Prizren Municipality, Prizren 1999.

O'Donnell, James: A Coming of Age. Albania under Enver Hoxha, New York 1999.

Osi, Maliq: Prizreni qytet i lashtë, muze me thesar të pasur kulturor [Die alte Stadt Prizren, ein Museum mit reichem kulturellen Schatz], Prizren 2001.

Paganel, Camille: Geschichte Scanderbeg's oder Türken und Christen im fünfzehnten Jahrhundert, Tübingen 1856.

Petkovic, Sreten: Das Patriarchat von Peć, Beograd 1987.

Pettifer, James: Albania & Kosovo, 3. Auflage, London u. New York 2001 (= Blue Guide).

Pipa, Arish: Albanian Stalinism: Ideo-politicial aspects, New York 1990.

Reuter, Jens: Die Albaner in Jugoslawien, München 1982.

Šakota, Mirjana: Das Kloster Visoki Dečani, 2. Auflage, Beograd 1987.

Shukriu, Muhamed: Prizreni i lashtë. Morfologjia e ecurive për ruajtjen e kulturës materiale (Das alte Prizren. Morphologischer Verlauf zum Schutz der kulturellen Güter), Prizren 2001.

Wenzel, Susanne: Das Kosovo entdecken. Kultur und Natur zwischen Amselfeld und Albanischen Alpen, Berlin 2003.

ZENIT: Avoiding blood vengeance in Kosovo. Priest works to reconcile Serbs and Albanians (http://www.zenit.org/english/archive/9909/ZE990929.html [22.01.2002]).